跨越周期

游戏研究的理论与实践

孙佳山 著

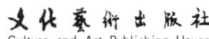
文化藝術出版社
Culture and Art Publishing House

图书在版编目（CIP）数据

跨越周期：游戏研究的理论与实践 / 孙佳山著.
北京：文化艺术出版社，2024.5. — ISBN 978-7-5039-7637-7
Ⅰ.G898.3
中国国家版本馆CIP数据核字第202495N1M2号

跨越周期
——游戏研究的理论与实践

著　　者	孙佳山
责任编辑	蔡宛若
责任校对	董　斌
书籍设计	楚燕平
出版发行	文化藝術出版社
地　　址	北京市东城区东四八条52号（100700）
网　　址	www.caaph.com
电子邮箱	s@caaph.com
电　　话	（010）84057666（总编室）　84057667（办公室） 　　　　　84057696—84057699（发行部）
传　　真	（010）84057660（总编室）　84057670（办公室） 　　　　　84057690（发行部）
经　　销	新华书店
印　　刷	国英印务有限公司
版　　次	2024年6月第1版
印　　次	2024年6月第1次印刷
开　　本	710毫米×1000毫米　1/16
印　　张	10.25
字　　数	120千字
书　　号	ISBN 978-7-5039-7637-7
定　　价	68.00元

版权所有，侵权必究。如有印装错误，随时调换。

自　序

说起和游戏的缘分，真是有些长。在20世纪80年代末，就开始有机会玩上了红白机。对于80年代初出生的一代来说，在彩色电视机刚刚出现没两年，就面对"降临"一般进入我们日常生活的红白机，确实太过碾压性。而且更为魔幻的是，1990年，我的家庭开始经营一间开在地下防空洞的街机游戏厅——对于一个当时8岁左右的孩子来说，既是幸福来得过于迅猛，同时又是那样的手足无措，不知该如何适应。这种不适应，就是那种把松鼠丢进榛子仓库的眩晕感，现在回想起，也是在潜意识中抵触着已经事实上开始出现的种种区隔。有过类似《人世间》经历的朋友都会明白，这或许是本性和底色的一部分吧。

今天再重新审视那些已经模糊的画面——的确是颇为符合当代文化研究预期的典型场景：在东北的三四线城市中，为对抗"冷战"而修建的防空洞中，摆放着十几二十台我父亲从广州购买的，事实上是从日本淘汰的二手三手乃至四手的大型街机游戏机，最初两年的周末几乎人满为患，并不时夹杂着阵阵二手烟的味道——很有贾樟柯式电影质感的场景，就是现在不断浮现的我童年少年阶段的记忆。那时，我父亲还从广州带回来一台松下L15录像播放机,我的尤其是港台电影电视剧的阅片量,就是在那个时候完成的,几年间的寒暑假都是在看大盒子录像带中度过。

谁能料想到,20年后,童年少年阶段的那些生长经历,居然会成为我的主要工作,至今仍是我生活的一部分。当然做梦都想不到,自己居然也有机会在二三十年后成为那些影像中的人物,并且已经事实上正在成为其中的"主演"。尽管肯定不再会有童年时的那种眩晕感,但对于命运的感喟,至今仍时时让我心有戚戚。

与游戏行业最早产生关联,是在2011年。那时候我刚满29岁。命运的"偶然""误会"和"恍惚",让我有机会得以参与到了当时的文化部文化市场司组织的网络游戏评论沙龙,并在第二年获得了第十届中国国际网络文化博览会网络游戏评论奖一等奖。2012年的那个夏天也让我迎来了工作之后的第一个阶跃点,一个在当时就有一定认知,后来的经历却仍远远超过当时想象的人生时刻。

只不过虽然从那个时刻开始,真正开始与整个中国游戏产业的呼吸律动同频共振,但直到2018年之前,也就是在整整6年时间里都处于一种并不苦闷、彷徨却仍然有些手足无措、拘谨无助的情境里。确实,对于一个还处在为"三十而立"而沾沾自喜的年轻人,随即就立即密集地面对一个新兴的大行业,如果不交五六年的学费,那恐怕也是违反客观规律的。直到2018年夏天,雅加达亚运会,那个临界点终于到来。2012年夏天那个人生时刻里的热望和期许,终于开始让自己内心真正满意地兑现。雅加达亚运会上,电子竞技开始作为亚运会的表演项目正式登上了历史舞台。就算是还没能登上事关民族国家荣誉的奖牌榜，那个时刻依然永载史册。当时即2016年在《读书》《当代电影》发文，完成自我的救赎和确证。游戏就是一个绕不过去的坎儿，既然走上了行业的顶端，甚至可以鸟瞰行业的发展，那为什么没能写出经得起自己内心审视的文章？当时的腾讯"大家"专栏，成为那个出口。即使几篇文章都没有达到预期的"10万+"也已无妨，不只是在"侠客岛"之外证明了自己的新媒体实力，更为重要的是终于能在属于游戏的公共舆论场中有了自己清晰的位置，是那种终于从如鲠在喉状态中解脱的释放感觉。

用今天的眼光和心态来看，就算定义雅加达亚运会的电竞场景为人类历史上的一个重要时刻，那恐怕也毫不为过。今天这么说，并不意味着在此刻与之相关的那些问题都已经得到解决，与2018年相比，如果放在历史的长河中，依然只是短暂的一瞥而已。就我自身从2012年开始的，不断加速的人生遭遇的密度而言，已经度过了挣扎、无助和纠结的阶段。情绪上或多或少总还是会有起伏，对于这一生的命运和承担，却已有了充分的认知。所以，即便还会有螺旋式的箱体震荡，日常中还会有15年前、10年前、5年前的结构偶尔浮出，提醒我那些早已忘却的过往，都不会再改变这种宿命感和笃定感。

"我实现了我的理想，我的理想通过我实现。"青春期中看到《红色恋人》中的那段情节，让我有一种瞬间被击中的灼热感，以至于十几年后还会一再品读其中的意味。因为从就业的角度，即便今天已经取得了让自己无论是从成长经历还是教育经历都心满意足的成绩，回头看2009年那个节点，还是时常有着"入错行"的感慨。与在北京大学的经历和期许相比，就业后的最初七八年，有着一个漫长的触底反弹过程。深知那片属于自己的天空，却有着被加速甩开的距离。直到经过差不多十年的努力和抗争，才终于重归精神世界的安宁和平静。

和2012年一样，发生在2018年的另外一个更为重要的历史转折，也对后续延伸至今的工作生活产生了巨大的影响。如果读者朋友坚持读到这里，一定会为我的言语不清和个别看上去有些"妄念"的表达感到费解和莫名其妙。了解我的读者应该会理解我，时至今日，很多事情我依然不能也无法公开表达。我内心早已接受了这一点。对我而言，情绪真实远比细节真实更重要。站在现在的认知当中，自然是我的感性体验更为重要。这些年经历过很多事情之后，我都会感怀，人生何必聪明？遵从本心本意才最重要。当你明显感受到感性经验层面的不愉快不顺畅的时候，要么深入检讨自身，要么就要真切警惕周遭。正是我的那些"不成熟""不识时务""不知道好歹"的坚守，保护了我、证明了我、成就了我。

2018年之后和游戏行业的具体接触，是一个清晰的递减过程，但对于整个行业的介入，却来到了一个新的维度。特别是自2022年以来，现在看是2012年的十年之后，新的轮回，对游戏的认知事实上也远远超过了当时为自己能"三十而立"的沾沾自喜所作出的那些眺望。极个别的几个挚友都曾明确为我高兴，"佳山，这些年你终于从上到下全部打通了"——我是在2023年才听到这样的话。无论是日常密切接触，还是平时少有联络，当这些挚友说出这样的话的时候，我心里也很释然。是啊，终于上下左右地打通了，10年前、20年前、30年前，都不曾有过这样的奢望。

在最近一次心有期待又充满误解的饭局上，当那些曾经存在，时隔多年又重新浮现的结构再次展现在我的面前时，内心确实有一些遗憾。这个年纪了，什么都不愿意去解释了，只能一再说："我没有浪费国家、社会给我的资源。"是的，哪怕仅就游戏而言，在我力所能及的范围，这些年在国内外的那些议题和斗争中，我都尽力了，做到了我10岁、20岁、30岁时都完全不曾料想的表现。

这就够了，重要的就是那句：

"往前看，别回头。"

目录

001　第一章　我国网络游戏在文化产业中已具备支柱性地位

003　第一节　我国数字文化产业正蓬勃发展

006　第二节　网络游戏在我国文化产业中的地位、影响

008　第三节　对于网络游戏的认知亟待提升

010　第四节　漫威也曾深陷污名化困境

013　第五节　发展数字文化产业尚存结构性问题

016　第六节　功能游戏，我国网络游戏转型升级的新起点

021　第二章　我国网络游戏治理的现状、问题和对策

023　第一节　网络游戏治理，"那是未来人们凝视的眼睛"

027　第二节　原创尴尬，我国网络游戏转型升级的深刻困局

029　第三节　我国亟须完善对网络游戏产业的有效监管

032　第四节　建立网络游戏分类监管机制，加强网络游戏知识产权保护

034　第五节　构建网络游戏作品评价体系，加强网络文艺智库研究

037　第六节　应进一步提升、完善文化治理能力、体系

041　**第三章　以网络游戏为表征的文化进出口问题**

043　第一节　游戏进口与中国游戏的想象力

057　第二节　到底怎样才是文化"走出去"？

063　第三节　游戏出海，多维度提升国际话语权

066　第四节　网络文艺，大步"走出去"

071　**第四章　正在主流化的电竞及其综合影响**

073　第一节　电竞进亚运会、奥运会的历史景深

079　第二节　从亚运会电竞金牌看中国亚文化的创造性

082　第三节　不应物化电竞所折射的代际文化经验

088　第四节　EDG夺冠，喝彩背后的历史节点

091　第五节　电竞业也有"卡脖子"难题

093　**第五章　产业前沿，"影游融合"的理想与现实**

095　第一节　"影游融合"的基本话语逻辑和认知框架

100　第二节　"影游融合"背后的现实视觉影像秩序及其变迁

105	第三节 "影游融合": 繁华背后的技术、人才限制
109	第四节 跨学科视野下的"影游融合"
113	第五节 "影游融合"——当代电影理论如何"升维"？

115	**第六章 我国网络游戏所产生的综合性影响**
117	第一节 如何与互联网"原住民"和谐相处？
119	第二节 算法推荐要突出价值观引领
121	第三节 抓好网络文艺创作，释放新媒体从业人员的创造力
124	第四节 通过"大思政课"全面提升游戏从业者人文素质
127	第五节 以游戏为代表的数字空间正升维传统节日文化

131	**第七章 中国网络游戏如何面对新周期挑战？**
133	第一节 游戏已成为拓展地缘政治影响力的新媒介
136	第二节 数字文化产业的文化安全一直被严重忽视
139	第三节 警惕元宇宙可能带来的金融泡沫
145	第四节 微软收购暴雪，游戏产业链与新的全球资本估值
147	第五节 游戏产业的长远健康发展应兼具国际视野

第一章

我国网络游戏在文化产业中已具备支柱性地位

第一节　我国数字文化产业正蓬勃发展

2011年党的十七届六中全会，首次明确提出"加快发展文化产业，推动文化产业成为国民经济支柱性产业"。这是党和国家对我国文化产业发展做出的一次长期战略部署。2015年发布的《中共中央关于制定国民经济和社会发展第十三个五年规划的建议》则清晰规划：到2020年将文化产业培育成为国民经济支柱性产业。文化产业在国民经济中的地位、作用，正得到持续性地不断强化。

按照统计学的明确标准，国民经济支柱性产业，就是在国民经济的占比不低于5%的产业。为促进我国文化产业蓬勃发展，创造、引领新消费，在2016年国务院出台的《"十三五"国家战略性新兴产业发展规划》中，数字创意产业首次被纳入国家战略性新兴产业发展规划，成为与新一代信息技术、生物、高端制造、绿色低碳产业并列的五大新支柱，《规划》提出到2020年实现数字创意产业达到8万亿元规模的发展目标。

为贯彻落实《中共中央关于制定国民经济和社会发展第十三个五年规划的建议》《"十三五"国家战略性新兴产业发展规划》等党和国家的长期战略部署，引导社会资源投资方向，2016年，文化部积极配合国家发改委编制了《战略性新兴产业重点产品和服务指导目录》，将数字创意产业领域的重点产品和服务指导目录分为三个重点方向：数字文化创意、设计服务、数字创意与相关产业融合应用服务。作为数字创意产业最核心的组成部分，2017年，文化部还发布了《关于推动数字文化产业创新发展的指导意见》，从具体行业层面对数字文化产业的发展，做出全面协调、安排和落实。

不仅如此，近年来文化和旅游部一直会同有关部委，组织产学研等全社会多方力量，通过深入分析数字文化产业发展的新形势、新业态、新模式，总结提炼数字创意产业的发展趋势，研究、谋划数字创意产业发展的重点方向、领域，对数字创意产业进行顶层设计和统筹规划，从"丰富数字文化创意的内容和形式""创新数字文化创意的技术和装备""提升创新设计水平""推进相关产业融合发展"四个方面明确了数字创意产业的整体布局和发展路径。不断创新理念和方式，在引导和扶持优秀数字文化产品创作、产业创新生态体系建设，促进数字文化消费、文化资源数字化和数字文化标准建设等方面出台了一系列政策举措，认真贯彻落实党中央、国务院的决策部署，推动数字文化产业不断创新发展。数字文化产业现已被纳入国家技术创新工程、战略性新兴产业发展基金、国家新兴产业创业投资引导基金、战略性新兴产业融资风险补偿试点工作等政策措施的支持范围，正较为充分地享受到相关优惠政策。广大数字文化企业正积极开拓创新，不断创造数字文化产业的新业态、新模式、新实践。相关学术机构也在加强研究，不断总结事关行业发展的规律性认识。数字文化产业的蓬勃发展之势，已经成为我国文化产业发展的一大亮点。

正是在这样的时代背景下，我国文化及相关产业一直保持接近两倍于GDP的行业增速。2017年，全国文化产业增加值为3.47万亿元，占GDP的比重为4.23%，比上年增长12.8%。在数字经济领域，以研发、设计为核心的数字创意产业，不仅在我国，新世纪以来在世界许多国家都是优先发展的对象。2017年，我国数字文化产业总产值超过了2.85万亿元。2018年，我国数字经济总量高达31.3万亿元，GDP占比达到34.8%，对GDP增长的贡献率高达67.9%，超越部分发达国家水平。文化产业，特别是数字文化产业及其背后的数字创意产业，已经成为调整、优化我国国民经济产业结构、推动新旧动能转换的一支重要力量。

第二节　网络游戏在我国文化产业中的地位、影响

21世纪以来，以网络游戏为主体的我国网络文艺产业，在全社会公共生活、国民经济当中发挥着越来越重要的作用。然而，近年来不断发酵的《王者荣耀》、"吃鸡游戏"、"养蛙游戏"、"电竞进亚运"、"IG夺冠"等一系列公共文化事件，却深刻折射出社会各界、主流媒体对其却缺乏整体性的认识，也并不了解其中的具体情况，甚至存在严重的误解。

事实上，与影视领域时时担心的好莱坞"狼来了"式的焦虑，以及网络文学为终于开始在海外有小规模的读者群体而雀跃相比，我国网络游戏则早已跨越了那样的初级发展阶段。2018年，我国网络游戏用户整体规模已有6.26亿之巨。2018年，我国游戏市场实际销售收入达2144.4亿元，同比增长5.3%，占全球游戏市场比例约为23.6%。我国自主研发网络游戏海外市场实际销售收入达95.9亿美元，同比增长15.8%，直逼我国国内电影票房的总和。2017年，我国文化产品和服务进出口总额1265.1亿美元，仅网络游戏一项就占据了将近8%——而我国每年仅二三十亿元规模的海外电影票房与之相比则太过杯水车薪。这也充分说明，网络游戏行业在我国文化产业格局中的角色和地位。

与好莱坞电影在当下已占据国内票房大半的难堪状况截然相反，除了个别日本经典动漫IP游戏和芬兰等北欧公司的几款经典网络游戏之外，外国网络游戏已经很难再进入我国游戏的畅销榜单。而且，我国网络游戏的全球化进击之路已呈现多点开花之势，不单在东南亚占据了压倒性的绝对优势，更是进军到了中东、东欧、拉美等国内主流媒体较少关注的地区，而且在韩国、日本以及西欧、北美等地区的老牌网络游戏强国也捷报频传，这在传统媒介形态下的文艺格局中是完全不可想象的。

然而，近年来以网络游戏为代表的我国网络文艺的耀眼产业成绩的出现，并不是偶然现象，我国网络文艺行业5000多亿元的庞大市场规模，在我国文化产业的直接占比就已经超过10%。如果说在未来，文化产业将成为持续拉动我国经济增长的国民经济支柱性产业，那么网络文艺则是我国文化产业之中当之无愧的领头羊、先锋队和主力军。这也深刻地说明整个国民经济乃至整个时代都在这短短几年内，发生着天翻地覆的历史性转型。显然，随着近年来移动互联网浪潮所带来的史无前例的媒介迭代效应，网络游戏等网络文艺形态的普及率和渗透率更是被进一步放大，在市场规模上已经成长为整个文化产业的支柱性行业，并开始影响着我国文化产业的宏观发展方向。

当今世界，综合国力竞争日趋激烈，文化竞争全面升级，文化版图正在重构，文化的地位和作用日益凸显，越来越多的国家把提升文化软实力确立为国家战略。讲好中国故事，推动中华文化走出去，是增强我国国家文化软实力、在国际综合国力竞争中赢得主动的迫切需要。

第三节　对于网络游戏的认知亟待提升

以网络游戏为代表的网络文艺的辐射范围正开始从单纯的文化娱乐，向体育、经济、政治甚至反恐、军事等国家、社会主流领域持续扩散。例如包括 2017 年第五届亚洲室内与武道运动会、2018 年雅加达亚运会、2022 年杭州亚运会等大型体育赛事，都已经明确将以网络游戏为载体的电子竞技项目纳入不同层次的比赛项目中。而且，网络游戏更是有极大可能成为 2028 年洛杉矶奥运会的正式比赛项目。这与国内近年来网络游戏所引发的相关争议当中的"歪曲历史""精神鸦片""电子海洛因"等言论，形成了鲜明的反差。不可否认，以网络游戏为代表的网络文艺产业，由于其作为新生事物的不成熟、不规范，发展的不平衡、不充分，尚存在诸多问题；但如果我们继续以 20 年前的印象式言论来讨论、处理今天由网络游戏之争所连带的复杂时代症候，就不仅不会解决现行的各类问题，反而会进一步错过我们这个时代的真正文化症结所在。

与此同时，我国社会各界对于以网络游戏为代表的诸多领域还存在严重的曲解和偏见。例如，我们今天已经被视为想当然的"常识"使用的"网瘾"概念，是不是一个科学的疾病概念，在心理学、精神病学等医学领域尚无权威科学定论，就连与网络游戏相关的"游戏行为失调"等概念，目前世界卫生组织也依然处在科学论证阶段，并未最终确认和定性，在北美学界还出现了针对"游戏行为失调"等概念的抵制活动，认为不能未经充分科学验证就对其进行草率定义。

在这个意义上，以网络游戏为代表的网络文艺的问题、意义和困境，其影响和辐射范围，就绝不在网络文艺的自身范围，其将注定波及文化、经济、政治等更多领域，这对于我国的互联网治理乃至国家治理，都是前所未有的挑战。

这一波以移动互联网为核心的新媒体浪潮，的的确确将媒介杠杆作用发挥到了人类迄今为止全部媒介经验的极致。在这一历史进程中，一方面，新媒体确实有可能为全社会的发展进步发挥排山倒海式的积极推动作用；另一方面，新媒体的媒介杠杆放大效应也很有可能被利用、被操纵，起到阻碍作用。来自这两方面的作用和效果，无疑都将会在我国以网络游戏为代表的网络文艺产业有着最为极致的深刻体现。

第四节　漫威也曾深陷污名化困境

即便今天以"成功者"站位回望，在漫威、DC漫画IP的形成过程当中，其实也充满了时代的褶皱，漫威、DC也遭遇过类似今天《英雄联盟》等游戏、电竞所不得不面对的"一棒子打死"式的道德恐慌，也依然有着类似当下"网瘾"式污名化话语的艰难往事。

并不像今天的"胜利者"叙事，在"冷战"的初始阶段，美国其实处于非常被动的境地，社会内部危机此起彼伏，治安一直都很差，青少年犯罪也层出不穷。于是社会"刚需"就出来了——得有人或事为此"背锅"。

1953年，美国参议院发起调查，成立了青少年犯罪小组委员会，还在电视上转播了听证会的具体过程，据说确实是专家的魏特汉，痛斥漫威、DC这些漫画对青少年的毒害，认定漫画美化了犯罪、暴力和性，"在5个故事里一共杀死了13个人"。不用多说，这种恐慌也很快发酵成一场席卷全美的行业危机。

1954年，美国漫画杂志协会出台了漫画出版规范，每一种漫画书必须交由审查委员会过审，才能在封面上印上"批准"的字样售卖，这说明半个多世纪以前美国就有审查制度的存在。审查委员会明确规定：漫画中不准出现僵尸、吸血鬼、食尸鬼和狼人——"善良必须战胜邪恶"。漫威、DC的销量也应声从1953年的每月千万册量级，暴跌到1955年的每月不足500万册，处于求生式苦苦挣扎中，更别说内容。

那么漫威、DC等漫画IP是如何解套的？当时风靡全美的这些漫画，并不是今天"人畜无害"的样子，而是后来通过与"冷战"年代各类热点事件紧密结合，成为美国国家意志在大众文化领域的意识形态"下水道"，才在美国主流社会赢得了自身的生存空间。也正是经由"冷战"年代漫威、DC等漫画IP的原始积累，《2001太空漫游》《星球大战》等美式"举国体制"产物的持续输出，其后通过通俗文艺领域不断形塑和调教，美国文化产业体系才得以最终养成今天如此"天然"的模样。

以今天的视角再回望，假如美国社会当年对于以漫威、DC为代表的漫画行业，完全采取"一棒子打死"的态度，会有怎样的后果，已经不言而喻。再从2007年开始的这一轮游戏道德恐慌中看，"一棒子打死"的类似言论可谓屡见不鲜。

诚然，对于所有媒介形态下的通俗文艺而言，从游戏到直播、短视频，互联网、移动互联网等媒介形态下的通俗文艺，都并不是第一次面对这样的局面。

对于通俗文艺当中始终存在的暴力、色情、恐怖、血腥等诸多问题，当然要严加管理，但并不是将它们"一棒子打死"就可以一了百了，而是将其纳入合规的范围，也就是合适的"赛道"。因为，不适应特定年龄的东西，并不意味着就不适应所有年龄。在一个年代里不适应特定年龄的东西，也并不意味着在之后的所有时代就都不适应那一特定年龄。

当年漫威、DC 在跌落到每月销量不足 500 万册的岁月里，恰恰是在明确社会责任、严守行业底线的基础上，有所为有所不为，为不同的内容找到不同的"赛道"——但如果美国社会当年真的"一棒子打死"漫威、DC，恐怕不只后世不会再有漫威电影宇宙、DC 拓展宇宙，好莱坞电影恐怕也不会迎来当下这一轮再度"走出去"收割全球票房的新的发展周期，更别说还产生了太多票房所起不到的作用。

第五节　发展数字文化产业尚存结构性问题

文化产业在国民经济中的地位被进一步凸显和提高,要求我们必须真正深入到数字创意产业所催生的,以数字文化产业为代表的移动互联网时代的新兴媒介业态的肌理,进而正面引领数字创意产业创新的长期、健康、有序发展,这既是贯彻、落实党中央、国务院的战略部署的内在要求,对于我们展望新一代,乃至下一代的文化产业样貌,营造清朗网络空间,也具有着继往开来的历史启迪意义。然而,当前以数字文化产业为代表的我国数字创意产业,仍然存在一系列结构性的问题亟待解决。

首先,2012年国家对文化产业的统计口径分为10个大类、50个中类和120个小类。到了2018年,国家统计局则进一步扩大了对文化产业的统计范围。根据2018年国家统计局公布的最新统计标准,文化产业则有9个大类、43个中类和146个小类。对于数字文化产业的统计,进一步细化,其中游戏、新闻、短视频、网络文学等领域增长相对较快,是数字文化产业主要的细分增长领域。

但是,现行的统计方法依然不能很好地追赶和适应我国数字文化产业的迅猛发展步伐,出现了一系列统计上的疏漏。这些疏漏体现在五个方面：低估了经济活动中的经济或效用增值；在线企业向用户提供免费服务，未能直接计入国民收入；数字技术的发展，已使海量数据的价值相较过去有大幅提高；不变价 GDP 核算，难以反映功能和质量的提升；由于共享经济的发展，部分投资和消费难以区分。无疑，我国数字文化产业的蓬勃发展，对于相关领域的国家统计也提出了更高要求。

其次，以数字文化产业为代表的我国数字创意产业所面临的复杂法律问题，被分解在《中华人民共和国网络安全法》《中华人民共和国知识产权法》《中华人民共和国广告法》以及各相关部委之间的众多规章、条例之中，还没有与之相对应的稳定的上位法。尽管文化产业在我国国民经济中的地位、作用得到了持续地不断地强化，在《中华人民共和国公共文化服务保障法》《中华人民共和国电影产业促进法》实施之后，未来一两年还会有《中华人民共和国文化产业促进法》等相关法律陆续出台，但是对于在数字文化产业局部已经出现的"三俗""沉迷"等不良现象、问题，依然缺乏足够的、明晰的法律法规予以有效监管和杜绝。

目前，急需加快《中华人民共和国著作权法》和《中华人民共和国著作权法实施条例》的修订，包括从网络文化传播、网络文化安全保障等方面，进一步完善针对信息网络传播权的著作权、版权保护制度。这对于我国数字文化产业及其背后的数字创意产业，有着非常急迫的现实意义。

最后，包括数字文化产业在内的我国数字创意产业的"走出去"，正逐渐从上一阶段的资本"走出去"向产品"走出去"、技术"走出去"和规则"走出去"转变。尽管近年来，讲好中国故事，推动中华文化"走出去"工作蓬勃开展，孔子学院等我国文化机构在世界各地相继建立，但与世界文化产业强国相比，我国的驻外文化机构还远没有在当地的日常生活中"扎根"，缺乏明确的目的性和导向性，并没有和我国政治领域、经济领域的对外政策，以及国内以数字文化产业为代表的数字创意产业的蓬勃发展态势，充分有机关联。

在当下，需积极推动包括数字文化产业在内的我国数字创意产业进一步"走出去"。通过网络游戏、网络剧、网络综艺、直播、短视频、网络文学等数字文化产业的具体形态，用适应当地的方式展现中国故事的价值内核，尽可能减少文化"折扣"，有血有肉地表现中国文化，让它们成为讲述中国故事、传播当代中国价值观念的虚拟"文化大使"，从而尽可能地在不同国家、地区的同代人之间，形成共同的文化经验。这对于增强世界各国人民对我国的了解和认知、消除偏见和误解，有着十分深远的文化战略意义。

第六节　功能游戏，我国网络游戏转型升级的新起点

作为互联网时代新兴的文化娱乐形态，网络游戏及其所依托的网络文艺自世纪之交以来，在全世界范围方兴未艾，经过20年的蓬勃发展，已经成为全球青少年群体最主要的文化娱乐方式，其覆盖范围之广、之宽、之深，在迄今为止整个人类社会的所有既往文化经验中，也都屈指可数。

以网络游戏为代表的网络文艺出现如此耀眼的产业成绩，并不是偶然现象。"国民经济支柱性产业"一说并非空中楼阁，而是有着明确的统计学意义的标准——在国民经济中占比不低于5%。2017年，我国国内生产总值已经突破了80万亿元大关，也就是说，文化产业作为国民经济支柱性行业的体量，稳稳站在了4万亿元的线上。在这4万亿元的行业规模中，网络游戏以2189.6亿元占据了5%的份额，而由网络游戏、网络动漫、网络视听为主的网络文艺则以5000多亿元的规模，在我国文化产业整体规模中占比已超过10%。

近年来，网络游戏等网络文艺形态的普及率和渗透率更是被进一步放大，在市场规模上已经成长为整个文化产业的支柱性行业，并开始影响我国文化产业的宏观发展方向。当"4万亿元"这个数字与我国文化产业

画上等号时，有力地说明了整个国民经济乃至整个时代在短短几年内发生了天翻地覆的历史性转型。

然而，一提到网络游戏，很多人的理解都停留在"消遣娱乐"的刻板印象上，实际上，网络游戏的构成内涵丰富，例如功能游戏，这是网络游戏极为重要的组成部分，但鲜为人知。

所谓功能游戏，是以解决社会和行业问题为主要目的的一种游戏类型。1958年，美国纽约布鲁克海文国家实验室向公众开放的《双人网球》游戏，是功能游戏的最早雏形。它作为以数字科技为核心的前沿科学技术的具体表现，昭示着人类社会现实世界将因此被改变的未来图景。1994年，基于海湾战争的经验，美国海军陆战队成立了世界上第一个功能游戏军事训练机构，将功能游戏作为军队训练的辅助手段。2006年之后，功能游戏逐渐拓展到了民用领域，在教育、医疗、交通、应急管理、环境保护、企业管理、文化传承等方面发挥了重要作用，为很多国家的政府部门、社会机构解决各类公共生活难题提供了不可替代的治理经验。

对美国、加拿大、荷兰、韩国等国家的政府部门和社会机构而言，购买和使用功能游戏已成为日常惯例，包括微软在内的10余家公司都已开始布局功能游戏的研发和应用；韩国政府更是从国家的角度在功能游戏研发等领域提供大额政府投资和直接的政策倾斜。在我国台湾，以功能游戏为依托的教育平台，已经成为台湾中小学校的辅助教学平台，在中小学教育人群中的使用率高达20%。

未来几年，功能游戏将出现两位数的年均复合增长率，市场规模将增长到 300 亿元至 500 亿元，其广阔的发展前景和深远影响更将远超其商业价值。在可预见的未来，功能游戏还将进一步主流化，成为主流社会的日常互联网应用工具，融入社会化生产的各个环节中。

对我国网络游戏行业而言，这是一个严峻的历史性挑战。因为，尽管过去几年里我国也出现了《韩熙载夜宴图》《每日故宫》《紫禁城祥瑞》《皇帝的一天》以及《榫卯》《折扇》等和传统文化深入融合的功能游戏佳作，但就我国网络游戏行业的实际发展情况而言，我们在功能游戏领域还处于起步阶段。目前虽然国内不少互联网企业相继宣布将功能游戏作为未来的主要战略发展方向，试图系统性探索并发掘功能游戏的正向社会价值，但对正不断加大走出去力度的中国互联网企业而言，还应具有更充分的行业自觉、自律意识，开发更多可以服务具体应用目的和应用场景的、具有正向主流价值的功能游戏。这不仅关乎企业自身的商业利益，也对网络游戏全行业的转型升级有着枢纽性、节点性的历史意义。

正如习近平总书记在党的十九大报告中所指出的，推动中华优秀传统文化创造性转化、创新性发展，继承革命文化，发展社会主义先进文化，不忘本来、吸收外来、面向未来，更好构筑中国精神、中国价值、中国力量，为人民提供精神指引。

在新时代中国特色社会主义阶段，我们必须面对的最大文化挑战就是——如何有效释放我国网络文艺的行业活力，走出原创困境，尽快完成网络游戏行业的转型升级，将我国优秀传统文化和当代的中国故事、中国情感、中国经验，在新兴媒介形态下的网络文艺产品中进行全面、有效的表达和传播，将商业上的成功转化为文化软实力意义上的成功，进而构建出与当代中国的国际地位和角色相匹配的、可持续发展的文艺生态。

第二章 我国网络游戏治理的现状、问题和对策

第一节 网络游戏治理,"那是未来人们凝视的眼睛"

在《三体》的第一部中,刘慈欣有着一个天才般的洞见,作为高维文明的三体世界为了与低维文明的地球进行有效沟通,并没有选择那些人类想当然的方式,而是选择了网络游戏这个载体。不仅如此,可以代表好莱坞乃至美国主流社会近几年的前沿关注的《头号玩家》,在"畅想"未来社会的模样的时候,也同样一头扎进了网络游戏的虚拟世界。

是啊,这未来的口味,都好重啊!因为真要从"救救孩子""玩物丧志"到"精神鸦片""电子海洛因""网瘾"那一整套有我国特色的认知序列出发,无论是《三体》式未来,还是《头号玩家》式未来,我们都终将走向一个魔幻式的未来。

2019年,一条消息在微博和微信朋友圈持续发酵:堂而皇之地挂着精神卫生中心牌子的杨永信的网瘾戒除中心,在历经了11年之后,终于事实性关停。与此同时,我国相关的互联网企业也在"两会"前后不断呼吁,建立"一站式"的未成年人网络使用管理平台,控制未成年人在全网范围内的上网时长。两则看似不相关的消息,实则指向了一个共同的问题——如何加强对未成年人的网络权利保护,促进我国网络游戏行业健康、有序发展？

但是，对于"精神鸦片""电子海洛因"，特别是"网瘾"等似是而非的污名化概念，在我国却被毫无节制地、以讹传讹地使用，催生出了以杨永信们为代表的大量形形色色的不正规的、不科学的，甚至是非法的各类组织，以治疗青少年群体的"网瘾"为名从中牟利，极大地掩盖和遮蔽了这背后的家庭、学校、社会教育的连带责任和相关伦理问题。

世界卫生组织在2018年发布的《国际疾病分类》中，尽管首次将沉溺于强迫性电子游戏列为一种精神健康的特殊状况，但明确将参与游戏的时间、频率、强度等纳入考量范围，强调将时间标准作为一个重要的量化因素，相关行为至少持续12个月才能确诊。尤其是与网络游戏相关的"游戏行为失调"等概念，也依然处在科学论证阶段，并未最终确认和定性。

更何况，所谓"网瘾"，并不是一种独立的精神疾病，而是已知的"冲动控制障碍症"在互联网使用者身上的具体体现。特别是从我国的具体临床经验来看，绝大多数被认定为具有"网瘾"的网络游戏用户，只是处于不适当使用的初级阶段，远没有达到瘾性疾病的程度。而且，在相关话语中，还隐藏着一个关键性的概念偷换：就算真有"网瘾"这一回事儿——全互联网的锅，让网络游戏全背了——既不科学，也不客观！

所以，我们不妨坐下来仔细想想，究竟得是焦虑到什么地步，才会将"玩物丧志""精神鸦片"这些来自1840年的历史结构的词汇，安置在150年之后的青少年身上？自20世纪90年代以来，已经呈现出周期性规律特征的道德恐慌背后的"救救孩子",这些看似正义凛然的大声疾呼之中,到底隐藏着怎样不可名状的心理?

21世纪第二个十年以来,由于我国的阶层结构、教育结构、家庭结构等多重社会结构的长期变迁和累积,以移动互联网为表征的媒介杠杆效应的持续性释放,再加上各类资本不断进场所卷携的新的商业模式,我国青少年以网络游戏为代表的文化娱乐消费,得到了前所未有的释放和表达,也出现了多重意义上的过度透支。

但非常遗憾的是,我国的学术界、新闻界等领域的一些相关讨论,却依然停留在娱乐至死、乌合之众、消费主义、大众文化、流行现象等20世纪70年代末、80年代初的认知水平,相关理论、知识来源也局限于北美、西欧的有限著述和畅销读物,已严重滞后于当下的中国经验和中国现实。这种理论上、知识上的无能,为"救救孩子""玩物丧志""精神鸦片""电子海洛因""网瘾"等事实上的"民科""民哲"话语,留下了可以兴风作浪的巨大空间。因为就是在这样不知不觉的20多年间,网络游戏治理之争,已然成为汇聚了各色"民科""民哲"的"娱乐圈"——每隔一段时间就会以各式各样的形式闪亮登场。

从上一轮来自网络游戏的道德恐慌的2007年到2019年,刚刚历经一个完整的12年轮回。而今,经过过去几年以来深度盘整后的网络游戏行业,又站在了新的历史起点。我国网络游戏的相关龙头企业,能够积极响应国家的要求和号召,进一步完善游戏防沉迷系统,建立更加行之有效的沟通平台,为未成年人营造出更为良好的网络环境,对于整个行业的节点意义已经不言而喻。加强对未成年人的网络保护,促进我国网络游戏行业健康、有序发展，正在成为全社会的共识。

在当下及可预见的未来，以网络游戏为代表的文化治理问题的意义、困境、影响和辐射范围，其所勾连的代际文化差异、阶层结构变迁、文化治理能力和治理体系现代化等相关问题，对于我国当前的主流社会而言，已绝不仅仅是文化领域的孤立现象。在经济增长放缓、人口出生率下降、全球贸易冲突加剧等大时代背景下，将注定会波及经济、政治、军事等更多领域，而且还将有着更为长远的社会影响，对于我国的文化治理、互联网治理乃至国家治理，也都是前所未有的整体性、综合性挑战。

然而，即便时间已经走到了2019年，仍还有太多看不见的杨永信，正逍遥法外。他们会不会在下一轮以"网瘾"等为名的道德恐慌中再度粉墨登场？这恐怕是从《三体》到《头号玩家》，横跨东西方都想象不到的中国式的"High tech，Low life"。

第二节　原创尴尬，我国网络游戏转型升级的深刻困局

包括《阴阳师》《王者荣耀》在内的，近年来在国内外都取得巨大成功的中国网络游戏，在游戏模式和观念上其实都深受日本、韩国游戏文化的影响。尤其是日本网络游戏，由于和本国的动漫、御宅族、二次元文化结合紧密，始终独具能够包含不同媒介形态下的各类不同文本的媒介混合的鲜明特色，在世界范围都有着广泛的影响。红遍全球的日本增强现实网络游戏《精灵宝可梦 GO》(*Pokémon Go*) 就改编于日本动画《宠物小精灵》。

中国网络游戏风靡海外的一个重要原因，正是充分学习和汲取了日本等国家的网络游戏可以改编不同媒介形态下的不同文本的优点和长处，具有比肩美、日顶尖网络游戏的持续运营能力，这充分说明在把握国内外青少年的文化娱乐消费的需求、趣味等方面，中国网络游戏已经开始走在世界的前列。

近年来，由《王者荣耀》、"吃鸡游戏"、"养蛙游戏"、"电竞进亚运"、"IG 夺冠"等一系列公共文化事件所引发的争论的真正问题在于，以网络游戏为代表的依托于新兴媒介的网络文艺，乃至我国的文化产业，

正在原创的困顿中挣扎。对于历史人物和传统典故进行大尺度的改编，在国外的网络游戏以及动漫等其他文艺形式中其实早已司空见惯，这也是新兴媒介下的网络文艺生态的一个基本特点；而在国外成熟的网络游戏行业中，对此都有完善的处理机制和系统的应对办法。例如知名网络游戏《文明》系列，就在游戏中设置了详细的百科全书，将游戏中涉及的历史人物、传统典故等进行了翔实的解析；而享誉全球的《魔兽世界》，则在知识类网站上，设置了一系列相关词条，构建了完整的游戏世界观。

在这一点上，我国网络游戏尽管在过去十几年里取得了长足的进展，在我国现有文化产业格局中也可能是最先有机会跳脱出山寨、模仿阶段的领先领域，但也仍然面临着结构单一、原创匮乏的发展困境。以《阴阳师》《王者荣耀》为代表的我国网络游戏，就是因为缺乏完整的世界观等这种对于原创而言最根本的核心要素，而很难像《魔兽世界》《文明》《精灵宝可梦 GO》(*Pokémon Go*)这些精品网络游戏那样具有良好的文本衍生能力，这就造成了其商业上的成功不能有效地转化为文化软实力意义上的成功，这也是我国传统文化为何在当代始终不能得到有效表达和传播的根本原因，而这又何尝不是我国文化产业在今天的转型升级过程中，所面临的深刻困局的缩影。

综上，以网络游戏为代表的我国网络文艺行业仍然存在一系列结构性的问题亟待解决。

第三节　我国亟须完善对网络游戏产业的有效监管

近年来，我国网络游戏产业在争议声中迅猛发展。2017年3月，爆款游戏《王者荣耀》被批"篡改历史"，导致青少年沉迷；2018年8月，电子竞技被列为亚运会表演项目，中国电竞国家队参赛并摘金夺银；2018年11月、2019年11月，我国游戏战队连续夺得《英雄联盟》世界冠军，获得了青少年文化圈层的广泛赞誉。

在这些热点事件背后，则是我国网络游戏产业近年来的爆炸式发展。在其蓬勃发展之际，社会公众对网络游戏的态度仍分化严重，政府的监管也存在缺位或不合理之处，在"放管服"改革的背景下，相关政府部门亟须进一步明确监管思路，完善监管措施，以促进我国网络游戏产业的长期健康、良性发展。

网络游戏作为新兴产业，对于"推动文化产业成为我国国民经济支柱性产业"，以及我国当代文化"走出去"作用巨大。

在2019年，我国青少年网络游戏用户规模已经超过两亿，占青少年网民的近七成。随着智能手机、平板电脑的普及，我国青少年首次接触网络游戏的年龄日趋低龄化，不少青少年沉溺其中，致使很多家长谈网络游戏色变。因此，政府部门要充分重视网络游戏的巨大产业价值，告别"电子海洛因""精神鸦片"等负面刻板印象，回应社会公众，尤其是青少年家长对于网络游戏的负面影响的高度关切，平衡网络游戏的经济效益、社会效益。

过去十余年来，我国相关部门推出了多项网络游戏监管政策。早在2007年，教育部等八部门就下发了《关于保护未成年人身心健康实施网络游戏防沉迷系统的通知》，2010年，文化部则发布了《网络游戏管理暂行办法》。"放管服"改革以来，2016年，国家新闻出版广电总局（现为国家广播电视总局）下发的《关于移动游戏出版服务管理的通知》，明确规定移动端游戏上线前需要经过前置审批取得版号；2018年，教育部等八部门印发了《综合防控儿童青少年近视实施方案》，提出实施网络游戏总量调控，探索符合国情的"适龄提示"制度，采取措施限制未成年人的使用时间；2019年12月，文化和旅游部发布的《文化和旅游部文化市场综合和执法监督局关于网络游戏市场有关执法工作的通知》中明确强调"要防止无版号游戏通过网络直播进行宣传推广"，若发现直播平台提供违法违规游戏直播，将参照《网络表演经营活动管理办法》予以查处。

当下我国对于网络游戏行业的监管，仍存在"多头管理""政出多门""重复监管"等突出问题。以网络游戏直播为例，目前承担网络直播监管职能的相关政府部门就包含了网信办、国家广播电视总局、文化和旅游部、工业和信息化部等多个部委。2011年，我国对《互联网信息服务管理办法》进行了二次修订,规定我国互联网信息内容的主要监管主体是网信办,但包括国务院在内的其他相关机构,也有权在不超出自己职责范围的前提下管理互联网信息内容。

第四节 建立网络游戏分类监管机制，加强网络游戏知识产权保护

针对行业的快速发展现状，虽然国家广播电视总局、文化和旅游部、工业和信息化部不断有相关政策、法规出台，但基本上都限于行政审批的范畴，对内容监管的指导性意见则相对匮乏。而网络游戏中充斥的暴力、色情、赌博等不健康内容，则是其最受诟病之处。在2019年全国"两会"期间，相关代表也建议制定符合国情的"适龄提示"制度，结合不同年龄段未成年人的特点，制定相应判断标准，避免违法信息、不良信息危害未成年人。

对网络游戏内容的监管应该以政府为主导，并充分发挥行业协会的作用。在国家尚未出台"适龄提示"制度之前，行业协会可以约束会员单位加强自律，对游戏内容按从绿色到黄色、红色的不同颜色深度，来标识游戏的相关内容对未成年人的影响。同时，行业协会还可以对上线运营的游戏进行监查，一旦发现游戏中有不当内容，可对会员单位提出警告，并采取相应措施。

近些年来，网络游戏行业的侵权纠纷越来越多，知识产权保护问题凸

显。由于从业者之间的恶性竞争，模仿、抄袭已获得市场认可的经典游戏已经成为某些网络游戏开发者的潜规则。由于我国没有专门针对网络游戏保护和管理的法律法规，而当前的实际保护和管理又是将网络游戏的各个要素纳入现有的知识产权保护体系之中，这就使网络游戏的侵权法律认定非常困难，对于网络游戏著作权的保护十分不利。此外，在网络游戏侵权的相关案件中，很多时候权利人的实际损失和侵权人的违法所得都难以详细查明和确认，在此情况下，50万元以下的法定赔偿数额显然不能很好地弥补权利人的实际损失，也不能有效预防侵权行为的再次发生。

因此，应该对《中华人民共和国著作权法》予以持续的修订、完善。根据我国当代网络游戏产业的基本情况，建议将网络游戏作为一种新类型的作品给予保护，这样可以初步解决网络游戏著作权侵权案件的法律认定问题，为相关案件审判提供有效依据，避免出现适用法律的不一致、不协调。同时，还应借鉴其他国家的成熟做法，将"实质性相似及接触"作为认定侵权的标准。此外，还应在《中华人民共和国著作权法》中增加惩罚性赔偿制度，有效弥补被侵权人的实际损失，并对网络游戏的侵权行为形成更大的震慑作用。

第五节　构建网络游戏作品评价体系，加强网络文艺智库研究

的确，对于世界上任何国家而言，以网络游戏为代表的网络文艺治理，都已经构成了我们所处时代的无法回避的历史性挑战。因此，动员政府、专家学者、行业企业、游戏用户和社会媒体等多方参与，开展对典型网络游戏的评论、批评，科学认识和评价网络游戏的文化价值，激浊扬清，发掘游戏文化中的优秀内容，加强价值引导和舆论监督，规范网络游戏经营行为，建立和完善立足于我国国情的网络游戏作品评价体系，促进我国以网络游戏为代表的网络文艺的健康发展，其重大意义，就不仅仅局限于我国网络游戏行业本身，对于我国网络文艺乃至整体性的文化产业格局，都将有着示范和引领作用。

习近平总书记早在2014年的文艺工作座谈会中，就已对在新的历史条件下做好文艺工作作出了全面部署，并在讲话中专门就网络文艺问题进行了深刻论述。他指出，互联网技术和新媒体改变了文艺形态，催生了一大批新的文艺类型，也带来文艺观念和文艺实践的深刻变化。由于文字数码化、书籍图像化、阅读网络化等发展，文艺乃至社会文化面临

着重大变革。要适应形势发展，抓好网络文艺创作生产，加强正面引导力度。

当前，我们之所以要勇于开展以网络游戏为代表的网络文艺产业的创新、创造，归根到底，是改革开放已走过40周年的伟大探索历程，站在新时代中国特色社会主义的历史起点，直面和回应"人民日益增长的美好生活需要和不平衡不充分的发展之间的矛盾"这一我国社会的新的主要矛盾的时代必然要求。所以，如何真正深入网络文艺所催生的，以网络游戏为代表的一大批移动互联网时代的新兴媒介的文艺类型的肌理，进而正面引领网络文艺创新的长期、健康、有序发展，就成为摆在所有文化工作者、从业者面前所必须解决的核心问题。因此，构建符合新时代中国特色社会主义思想的网络游戏作品评价体系，为我国的网络游戏研究和评论提供有价值的借鉴和参考，进而为我国网络文艺智库建设作出初步的探索和尝试，这既是贯彻、落实党的十九大精神的内在要求，对于我们展望新一代，乃至下一代的文艺形态和文化产业样貌，营造清朗网络空间，都具有着继往开来的历史启迪意义。

综上，正如习近平总书记在党的十九大报告中指出，推动中华优秀传统文化创造性转化、创新性发展，继承革命文化，发展社会主义先进文化，不忘本来、吸收外来、面向未来，更好构筑中国精神、中国价值、中国力量，为人民提供精神指引。随着我国综合国力的稳步增长，中国现在已经成为世界第二大对外投资国，在政治领域、经济领域日益融入全球协作体系，并扮演着越来越重要的角色——40年的改革开放的文化逻辑，也在这一历史进程中发生着无声无息的历史性嬗变。那么，以网络游戏为基点，如何有效地释放我国网络文艺的行业活力，走出原创困境，尽快完成自身的转型升级，将我国传统的文化、当代的中国故事、中国情感、中国经验，通过新兴媒介形态下的网络文艺予以全面、有效的表达和传播，将商业上的成功真正转化为文化软实力意义上的成功，进而构建与当代中国的国际地位和角色相匹配的、可持续发展文艺生态，则是我们在新时代中国特色社会主义阶段所必须面临和无法逃避的最大文化挑战。

第六节 应进一步提升、完善文化治理能力、体系

党中央、国务院高度重视文化产业的发展，习近平总书记强调：要推动文化产业高质量发展，健全现代文化产业体系和市场体系，推动各类文化市场主体发展壮大，培育新型文化业态和文化消费模式，以高质量文化供给增强人们的文化获得感、幸福感。

我国数字文化产业的蓬勃发展，进一步拓展、拓宽了我国文化产业的空间、领域和范畴，强化了社会各界对文化产业的重视程度与投入力度，对于我国文化产业的整体格局意义重大。我国数字文化产业的蓬勃发展，有利于促进文化与科技有机融合，催生新业态、创造新产品、引领新消费；有利于推动文化产业成为国民经济支柱产业，与国民经济各门类充分融合；有利于更好地满足广大人民群众日益提高的精神文化消费需求，让技术进步成果惠及广大人民群众的日常生活，使战略性新兴产业的发展为广大人民群众带来更多获得感、幸福感。

战略性新兴产业是以重大技术突破和重大发展需求为基础，是知识技术密集、物质资源消耗少、成长潜力大、综合效益好的朝阳产业，是引导未来经济社会发展的重要力量，对经济社会全局和长远发展具有重

大引领、带动作用。我国以数字文化产业为代表的数字创意产业，作为战略性新兴产业的发展趋势已经明确、发展方向已经明晰，但我国对于数字文化产业及其背后的数字创意产业的文化治理能力、文化治理体系，仍需进一步提高和完善。

首先，应坚持创新驱动。随着商用 5G 技术的开启，以大数据、云计算、人工智能为代表的数字技术，为包括数字文化产业在内的我国数字创意产业的发展，创造了更多的新机遇。要顺应科技革命和产业变革的趋势，高度重视技术研发、创新与应用，以技术创新推动产品创新、模式创新和业态创新。坚持自主创新，加强原创能力建设，鼓励全民创意、创作联动等新方式，持续推动有中国风格、中国特色的文化原创。要大力构建产业创新生态体系，培育基于新技术的新兴业态，不断激发创新动能，更好满足智能化、个性化、时尚化的新消费需求。

其次，应深化融合发展。要推进以数字文化产业为代表的我国数字创意产业与先进制造业、消费品工业、现代服务业的融合发展，与实体经济深度融合。推动数字文化、数字创意在电子商务、社交网络等诸多方面的落地应用。文化旅游的深度融合，为数字文化产业发展提供了新舞台，打开了新空间。要把数字文化产业的创作、生产与旅游宣传、推广、体验有机结合，强化数字文化对旅游产业的内容支撑，创意提升和价值挖掘作用。促进数字文化产业与互联网旅游、智慧旅游、虚拟旅游等新模式联动发展，不断创造数字经济格局下文化旅游融合的新模式。

最后，应完善产业统计。针对数字文化产业的特殊性，应将财务、管理和销售等生产端的费用纳入统计范围；应将在 C2B、B2C、C2C 等平台上的平台对个人、个人对个人的交易纳入统计范围；应将小微企业和个人的交易，以及观众对主播的打赏等C2C平台行为纳入统计范围；应将在免费服务中产生的海量数据的价值纳入统计范围。在此基础上，进一步完善党领导下的多元主体共治模式；重视数字文化技术标准的研发、创新和应用的转化；加强数据管理、服务；更加有效地保护、合理利用知识产权；鼓励中小微企业、专业创意组织和个人创意者的发展；为数字文化企业开展国际交流提供引导和帮助。

总之，当前我国的产业互联网正日益成熟，将成为我国应对第四次工业革命挑战的基础设施和数字化转型的关键支撑力量，我国的产业互联网正在与已相对充分发展的消费互联网深度融合。数字文化产业在这一融合过程中将扮演十分重要的枢纽角色，数字文化产业的蓬勃发展，将在可融合的传统领域中，普及数字文化的新型创意方式，而文化旅游则是数字文化产业链接产业互联网、消费互联网的一条主要现实路径。

战略性新兴产业代表着新一轮科技革命和产业变革的方向，是培育发展新动能、获取未来竞争新优势的关键领域。在可预见的未来，我国的数字文化产业及其背后的数字创意产业，在整个国民经济中将更加主流化，也一定会面临来自主流社会的更多挑战。对待包括数字文化产业在内的我国数字创意产业，我们不只要在加强引领、监管的同时，保持开放、包容的态度，还要在发展理念、文化观念、文化治理能力、文化治理体系等诸多领域，进一步解放思想、开拓进取，直面制约行业发展的结构性问题。因为这一媒介周期的中国文化经验、中国文化治理，对于世界移动互联网的总体进程和即将到来的5G时代，都有着普遍性的全球示范意义。在完成调整、巩固、充实和提高的全行业转型升级之后，我国的数字文化产业及其背后的数字创意产业，在以物联网、人工智能和5G等为表征的新一轮行业周期内，势必将实现更快、更好的稳步、有序发展，在调整、优化我国国民经济产业结构、推动新旧动能转换的过程中，发挥更大作用，做出更大贡献。

第三章

以网络游戏为表征的
文化进出口问题

第一节　游戏进口与中国游戏的想象力

2021年，我国游戏市场的实际销售收入为2965.13亿元。这个数字比疫情前国内电影票房峰值的4倍还高。的确，在疫情之下，以网络游戏为代表的数字文化产业的媒介优势被进一步放大，不仅没有受到线下实体消费不足的冲击，反而又回到了前些年移动互联网普及时期的高增幅。2021年，以移动游戏为主的中国自主研发网络游戏在海外市场的实际销售收入为183.13亿美元。按用户直接付费计算，截至2020年上半年，中国自主研发的移动游戏占海外移动游戏市场的21%；即使在传统游戏强国美国、日本和韩国，其国内市场上排名前250名的移动游戏发行商中，也分别有17%、20%和28%来自中国。可以说，以移动端为主的网络游戏，是我国屈指可数的拥有产业意义上的世界性影响力的文化产品。

关于这一现象，媒体界、学术界通常将之归因为企业商业模式的创新或政府的产业扶持政策，而很少触及进口游戏在培育游戏市场、促进我国网络游戏产业链形成等方面所起到的积极作用。

一、游戏进口与我国游戏产业商业模式的关键创新

一般情况下，进口的文化产品会冲击相对弱势的本土文化产业的发展，但具体在我国游戏产业，情况却并非如此。因为随着互联网，特别是移动互联网的持续渗透，我国游戏产业的实际结构和商业模式都出现了新的长周期式变化。其中，与本节议题密切相关的有两点：游戏产业提供的最终消费品从相对单一的"文化产品"转变为服务与产品并重，在很多电脑端游戏、网页端游戏和移动端游戏中，服务的权重甚至超过了产品本身；在有限的研发/发行商为相对少数游戏用户提供产品的"少对少"模式这一游戏产业的传统结构之外，近年来出现了众多研发/发行商服务海量游戏用户的"多对多"模式。在这种情况下，进口游戏原有的技术、知识产权优势就难以构成稳定的行业壁垒。

首先，在以单机游戏为主的时代，游戏产业的商业模式主要是从产品本身盈利。这里的产品，既包括一次性出售的卡带/光盘等游戏实体，也包括游戏机本身。当然，在整个游戏产业链上，还有一些环节聚焦于服务，比如零售、租赁和二手交易，但它们的占比很低，与游戏研发环节距离也比较远。互联网的介入大大提升了游戏服务的比例，并促使其向游戏产业链上游发展。不仅电脑端游戏发行商开始搭建在线平台直接向游戏用户售卖游戏，传统主机厂商也陆续接入互联网，提供联机游戏、内容更新、游戏用户排名和实时聊天等服务。更为重要的是，20世纪90年代中期出现了以大型多人在线游戏为主体的、更加"纯粹"的商业化网络游戏，为游戏用户提供社交平台，通过玩法设计及频繁更新刺激游

戏用户持续消费，并发展出免费增值服务模式，甚至游戏研发也在围绕这些服务展开。比如《QQ炫舞》(2008)对游戏用户的核心吸引力并不在舞蹈竞技，而是对情感的生产与销售，以及以此为基础搭建恋爱社交平台。

其次，互联网时代之前，游戏产业被寡头所主导。任天堂、世嘉等少数大出版发行商，以及后来崛起的索尼、微软主机平台和微软、苹果两个操作系统，以独占形式，生产作为单一文化消费品的游戏产品，每款售价40—60美元，相对高昂的硬件、软件价格和有限的发行—销售渠道都限制了游戏用户群体的规模。这一商业模式与好莱坞大片非常类似，今天依旧主导着所谓的"3A"游戏产业，即采用基本代表了行业前沿及发展方向的最先进的数字技术，高投入、高风险，发行商和硬件平台几乎获得全部利润。而免费增值服务模式的出现和移动游戏的普及，则大大降低了游戏的渠道和价格门槛，极大地扩充了游戏用户群体。同时，多样化的、相对传统主机硬件平台更开放的在线发行平台和手机应用市场，也让新的出版研发商、发行商、平台、渠道有机会进入游戏产业。

以上两个因素与开放平台游戏引擎的普遍应用，共同造就了一个结果：在更倾向于"提供服务"和"多对多"模式的网络游戏中，绝对意义上的"尖端技术"地位在持续下降，而商业模式上的创新意义则日益被凸显。单机游戏时代通过技术和知识产权建立起来的行业壁垒，在网络游戏兴起后有所松动。因为在"免费增值"模式中，付费用户的比例总是低于免费游戏用户，为了提高游戏用户的留存率与付费意愿，配合资本的人力密集型的用户获取策略，游戏研发和运营日益围绕由数据驱动的设计策略展开。而且，网络游戏经常会根据用户的游戏数据，相对频繁地在核心玩法、附加内容和盈利模式等方面进行一系列升级改造。这一趋势在移动互联网时代更为明显，目前我国的游戏公司越来越倾向于将游戏的研发和运营环节深度融合，两个部门联合办公、紧密沟通，甚至研发就是围绕着运营展开，即"研运一体"。

如果说"3A"游戏的"生产—流通"是相对线性的结构，网络游戏的这一过程则形成了首尾相续的反馈循环。所以，与"3A"游戏漫长的研发周期和一次性的宣传发行相比，网络游戏则要求规模庞大的运营团队的长期投入和经营。这也意味着，网络游戏不像过去的单机游戏和今天的"3A"游戏那样依赖顶尖设计、技术人才，而是需要大量能够对接游戏用户的运营、推广人员和根据市场反馈及时优化、改造的普通从业者。有受访者表示，美国、日本在移动游戏，甚至更早的电脑端网络游戏产业，没有占据绝对优势地位的原因之一，是人才过于集中于高端领域，缺乏开发新市场的劳动力基础。这些因素，给我国这种技术、资本和人才上都不具备优势的后发市场以难得的窗口机遇。

依靠商业模式，而不是游戏本身的设计和技术水平获得成功的一个典型例证，是韩国的网络游戏《传奇》（2001）在我国网络游戏产业初期的经历。这款游戏的画面和玩法，即使在2001年都显得颇为平庸。而盛大之所以引进这款游戏，部分原因是它的代理费远低于同时期的其他热门游戏。当时，网络游戏按照时长收费，但个人在线支付尚不成熟，游戏用户主要在报刊亭、书店等传统渠道购买游戏点卡，非常不便。为了解决这个问题，盛大开发了一个叫E-sale的面向网吧的在线点卡销售系统。

由于当时电脑、宽带网络均未大范围普及，很多游戏用户都是在网吧玩网络游戏，于是他们直接用现金向网吧购买 E-sale 在线销售系统的点卡，网吧再通过该系统与盛大用网银统一结算。在推广 E-sale 及《传奇》的过程中，盛大不仅在一二线城市和沿海发达地区投入大量人力逐个网吧游说，还拓展到了三四线城市和很多县级市。那里的游戏用户网络游戏经验很少，甚至《传奇》就是他们接触的第一款网络游戏，一个有着巨大潜力的市场很快被开发出来，仅半年的时间，《传奇》的同时在线人数就突破了 10 万。盛大的策略随后被广泛模仿、升级，成为我国网络游戏运营、推广的普遍做法，即"地面推广"，也叫"地推"。将这一策略发挥到极致的，是 2006 年的《征途》，巨人网络（时为"征途网络"）以原有的保健品销售团队为班底，在各地建立了长期办事处，号称要在三年内组织起 2 万人的地推团队，碾压其他公司的几百、上千人规模。这种市场策略本身并没有技术壁垒，主要就是依靠海量的所谓"地推专员"在网吧中贴海报、安装游戏、引导注册，偶尔也举办一些活动。而且，更为关键的是，"地推专员"一般采用劳务外包形式，不被认为是游戏公司的正式员工，缺乏相关劳动保障，用人成本极低。

从某种意义上可以说，中国网络游戏产业人力替代的市场策略冲垮了单机、"3A"游戏通过硬件平台、IP 和技术建立起的壁垒。进口的网络游戏非但没有压抑本土产业的发展，反而在国内网络游戏产业的起步阶段，起到了培养游戏用户、扩大游戏市场、促进游戏产业链成熟的积极作用。相对互联网的普及程度，中国网络游戏的诞生并没有明显晚于世界潮流，1995 年就出现了非营利性的文字网游《侠客行》。为防止被盗用牟利，这款游戏的研发者们很快就公布了源程序，进而催生了其他同类型游戏，再加上"联众世界"棋牌类休闲游戏和少数海外游戏的"私服"，中国在2001年之前实际上就已经存在了一个以自主研发为主、非商业化的微小行业生态，只是规模上还微不足道，无法支撑本土游戏的产业化规模发展。而在《传奇》等进口游戏的带动之下，中国网络游戏市场从2001年的3.1亿元快速增长到2004年的24.7亿元。其中，韩国游戏的市场份额最高，而中国游戏公司由于技术、人才和资本的限制，尽管主要从事代理运营和外包工作，但也在这个过程中积累了大量的运营、美术、技术和策划人才。然而，代理授权并不稳定，随着资本积累和市场规模的扩大，也有部分公司尝试自主研发或购买进口游戏的源代码加以改造，甚至是直接模仿、复制。盛大在代理权问题上与《传奇》的韩国研发商出现矛盾后，就迅速仿制出《传奇世界》（2003）。

尽管网易《大话西游online》（2001）等早期自主研发游戏的商业成绩不如预期，但国内市场毕竟在进口游戏带动下飞速增长，吸引到更多的资本与人才，本土游戏产业也凭借运营模式和游戏机制的创新弥补了技术和美学上的差距，2006年国内市场份额就达到64.8%，很快超过了进口游戏。

在这些"创新"中，最为突出的就是"付费赢"（free-to-play）机制。按照一般游戏理论，依靠金钱而不是自身技能获得胜利，会终结游戏的不确定性、极大降低游戏体验，但中国最早系统地采用这一机制的《征途》将"付费直接获得道具"改造为概率化的"开宝箱"制度，即游戏用户并非直接购买道具，而是购买打开箱子的钥匙，随机获得道具，购买行为和游戏结果之间并没有线性的联系，进而重建了随机性的快感。尽管严格来说，这一机制并非由中国游戏产业首创，但的确是被中国游戏产业发展为明确的收费模式，并"自然"地融入游戏环节，深刻地影响了世界范围内的游戏产业的发展。今天，它不仅成为免费游戏的常规，也越来越多地应用于收费游戏，甚至"3A"游戏当中。

只不过，这并不意味着进口游戏的作用及影响力在下降，因为在很长一段时间里，成功的国产游戏，其品类与核心玩法还主要是对热门进口游戏的模仿与本土化改造。无论早期的《梦幻西游》（2003）、《完美世界》（2005）、《征途》与海外大型多人在线角色扮演游戏的相互关系，还是稍晚的《QQ炫舞》之于《劲舞团》（2005）、《QQ飞车》（2008）之于《跑跑卡丁车》（2006）都是如此。正是在这个服务日益压倒产品的结构性转变中，国内游戏厂商凭借运营优势，不断吸纳、消化进口游戏的优点和长处及其背后的产业链架构，实现了自身的转型升级。

二、进口游戏对我国游戏产业的深层次梳理及其潜在影响

中国游戏在海外市场上的发展同样受益于游戏进口。首先，模仿进口游戏并加以本土化改造的过程，也产生了一些副产品。尽管这些更接近国外原版的游戏在国内市场上并没有那么成功，但在游戏生产过程中积累的人才、经验却成为拓展海外市场的基础。互联网对游戏产业的改造一方面提高了"服务"在整个游戏产业中的位置，另一方面也极大拓展了游戏用户群体。二者都促进了游戏产业的结构性变迁，即从电脑端、

网页端到移动端，游戏逐步与专门化的硬件设备切割，深度融入游戏用户的日常生活。这个潜在的"低技术"市场，也成为了起步较晚的中国网络游戏的机会所在。

在电脑端网络游戏时代，尽管也有部分中国游戏企业谋求海外发展，但离开了国内的渠道网络和运营基础，仅靠玩法设计上的创新，还不足以弥补自身与传统游戏强国的技术差距，直到对硬件设备要求更低的网页游戏出现。网页游戏的低技术倾向，先天地限制了再现系统的视听效果，所以，早期的网页游戏基本都是将重点放在各项资源数值搭配的策略类游戏。2007年，一款来自网页游戏发源地德国的《部落战争》（*Travian*）进入中国市场，在几乎没有任何宣传、推广的情况下意外成功，吸引了国内模仿者的注意。以其为原型，接连出现了《烽火三国》（2010）、《七雄争霸》（2010）、《傲视天地》（2010）。有趣的是，因为作为一个整体的中国游戏产业对技术的依赖更低，很多电脑端运行的大型网络游戏也不够流畅，所以中国游戏企业就试图将2D的大型多人在线角色扮演类游戏网页化，以触达更广泛的游戏用户群体，并催生了《蓝月传奇》（2016）、《传奇荣耀》（2016）等传奇类网页游戏。

原有的策略型网页游戏虽然在国内市场逐渐失势，但中国游戏公司在这个类型上积累的设计、运营经验却没有被浪费，因为智能手机的普及创造了一个更低技术、更大规模的市场。这个市场在初始阶段，也更适合休闲类、策略类游戏。凭借此前积累的经验，中国的移动端策略类游戏在国内同类型游戏市场并不发达的情况下，迅速在海外市场上获得了优势地位，先后推出了《列王的纷争》（*Clash of Kings*，2014）、《阿瓦隆之王》(*King of Avalon*, 2016)、《王国纪元》(*Lords Mobile*, 2016)、《火枪纪元》(*Guns of Glory*, 2017)。直到现在，移动端的策略类游戏仍然是中国游戏公司在海外市场份额上最大的一个游戏类型，2020上半年占所有在海外运营的中国游戏的38.98%。

然而，随着智能手机性能的日渐提升，也拉高了移动游戏的技术属性。除休闲、策略类游戏依然主要依靠在各平台型应用，大规模投放广告"买量"推广之外，很多研发方的重点也转向技术和玩法创新，或者把经典游戏移植到移动端。典型的成功案例是任天堂的《精灵宝可梦Go》(*Pokémon Go*, 2016)。这款游戏在没进入中国大陆市场的情况下，2022年1月的收入还在全球手游中排名第八。中国游戏公司也采取了类似的策略，制作了《梦幻西游》《QQ飞车》等热门电脑端网络游戏的移动端版本，但因为缺乏具有世界性影响力的经典游戏IP，而无法在海外市场重复这一经验。同时，为了规避直接模仿的法律风险，中国游戏公司更倾向寻求与这些版权方合作。当时海外市场上收入最高的中国游戏《和平精英》(*PUBG Mobile*, 2018)就是韩国战术竞技类游戏《绝地求生》(*PlayerUnknown's Battlegrounds*, 2017，简称PUBG)的移动端版本。而腾讯之所以能够获得授权，部分是因为它在中国大陆代理了《绝地求生》，游戏的研发方韩国蓝洞公司（Bluehole, Inc.）也希望能够借助这种合作进入中国游戏市场。

事实上，对于期待在全球范围内实现多元化发展，而不是局限于某几个特定类型的中国移动游戏公司来说，以市场换授权或合作已经是比较普遍的做法。一方面，进口代理本身是一个合作过程，国内的游戏公司可以学习到先进的技术、设计、运营理念，并有机会发展到资本层面的合作，为进一步在海外市场发展铺路。另一方面，通过资本层面的合作，国内公司对海外游戏也有了一定的话语权，可以在游戏设计中融入中国特色的文化和理念。这种以流行文化为载体的跨文化交流、文化输出更具有潜移默化的效果。比如《英雄联盟》（2011）这款游戏里面就加入了一个以孙悟空为原型的猴子英雄，如果游戏用户对这款游戏感兴趣，就会自发地探寻其背后的故事和文化。而且，通过合作研发、发行，中国游戏公司可以在策划阶段就过滤掉不符合中国国情的相关元素，也可以在运营阶段就阻止会给我国带来负面影响的相关活动。

此外，更加关键的是，很多游戏研究者都已经指出，互联网对游戏产业最大的改变是平台渠道取代了主机硬件，成为整个行业最关键的环节。这也是当代平台资本主义在游戏产业的具体表现，即平台通过算法重组整个产业，流量、推送正左右着平台参与者的基本行为方式。尽管新的产业结构给起步较晚的中国网络游戏产业发展壮大和走向海外的机会，但也将其纳入了自身的规则体系之中。如果说在国内，腾讯还可以凭借原有的社交媒体优势，建构出某种类平台渠道，绕开苹果市场；那么在海外，几乎所有的移动游戏发行商都在苹果、谷歌的移动应用市场和脸书、YouTube的势力范围之内，并均为"买量"付出了极大的成本。至于传统的主机平台和电脑端游戏发行平台，也基本上由任天堂、索尼、微软和Steam等国外资本所控制。

当然，中国游戏公司也试图打造自己的平台来主导规则，比如腾讯的游戏市场WeGame，但是因为游戏资源始终有限，一直没有实现成规模发展。还有一个可能的突破口是仅次于 Steam 的在线游戏发行平台 Epic，腾讯在 2013 年曾经收购其 48.4% 的股权，希望能够由此从平台层面介入海外市场。只不过，尽管 Epic 近年大幅度削减分成并经常推出限时免费活动，但依旧很难撼动 Steam 的主导地位。如果 Epic 能够获准在中国大陆市场发售更多的进口游戏，那这个有中国资本背景的游戏平台在全球游戏工业中的渠道位置就会有很大的提升，也有利于中国游戏在海外市场的发展。同样，如果 WeGame 平台能够持有更多的优质进口游戏内容，自然也会迎来实质性的增长，进而一步步打造成为我国具有幕后主导力的游戏平台。

三、通过市场机制维护国家文化安全

提及游戏进口，一个无法回避的问题就是文化安全。游戏的沉浸式体验，让它有着比影视、音乐等艺术门类更强的文化渗透力。欧美的奇幻文化，更多的是通过以《魔兽世界》(World of Warcraft, 2004)为代表的大型多人在线角色扮演游戏，而不是《指环王》等电影、小说，深度融入中国当代流行文化对于自身玄幻世界的想象性建构。而且，随着互联网和数字信息技术的不断发展，让游戏产业更倾向开放游戏用户的内容生产权限，甚至很多游戏的精髓就在于游戏用户的自主创作。2020 年年初的《集合啦！动物森友会》(あつまれ どうぶつの森)之所以能在中国游戏市场上超出任天堂游戏用户的相对小众圈层，原因之一就是游戏用户自主设计的诸多游戏场景，在国内各大媒介平台上广泛传播，甚至上

海消防都用其在微博上进行防火宣传。

当然，任何硬币都有两面，这就意味着游戏也可能被游戏用户不当使用，生产一些不利于我国文化安全的违法违规内容。《集合啦！动物森友会》的滥用现象的出现，部分也是因为这款游戏并没有正式引进，我国的游戏用户不能像其他地区的游戏用户一样形成合力来反制这些滥用。事实上，我国很多游戏用户乐于在这款游戏中生产积极内容。比如当时正值全国范围内新冠疫情得到初步控制的关键转折点，广大游戏用户群体热衷于再现抗击疫情的经典场景与措施，为游戏角色佩戴口罩，在岛上划分隔离区、兴建方舱医院和机场的检疫区。如果这款游戏当时得以正式引进，就会有更多正面、积极的相关场景在国内外的社交媒体上出现，其实际宣传效果自然也远高于传统主流媒体。

而且，正是因为很多热门游戏不能进入中国市场，海外游戏公司往往就会忽视我国的诉求，没有动力处理游戏中涉及我国文化的不当使用和人为滥用。如果这些游戏或平台，能够以合法身份进入中国游戏市场，海外游戏公司也会在可能的范围之内主动配合我国的文化安全工作。资本基于自身利益，就会为了潜在的市场前景，主动迎合我国的文化安全工作。比如任天堂2020年的免费游戏《世界游戏大全51》(世界のアソビ大全51)，虽然并没有在中国区上架，但任天堂的主机Switch已经有了国行版本，这就意味着其平台上的游戏都有可能进入我国市场，所以任天堂主动使用了上海工作室的普通话配音。这种情况与中国元素在好莱坞电影中的形象变迁有着某种同构性：随着中国市场重要性的增长，好莱坞日益倾向去展现一个积极的中国形象，或者至少表面上看起来是积极的。可以说，通过扩大进口，将中国市场更深地纳入世界游戏工业体系之中，而不只是其中的一块文化"飞地"，借助市场的利益机制发挥有利于我国的积极影响，将对以游戏产业为代表的我国文化产业有着长远的正面意义和价值。

四、"走出去"与我国游戏产业的高质量发展

我国网络游戏近年来在国内外市场上的高速发展，并不意味着未来会一直一帆风顺。近两年的耀眼成绩，部分是因为疫情期间其他线下实体文化娱乐活动被大幅度压缩。此前，在多种因素综合作用下，我国游戏市场 2018 年的增长从 2017 年的 23% 下降到 5.3%，2019 年虽有所回暖，但也只有 7.7%。值得充分警惕的是，2019 年的游戏用户只比 2018 增加了 0.1 亿。总之，以用户规模扩张为基础的发展模式，已经难以为继。更何况目前我国游戏产业的主流付费模式"游戏免费，形象与道具收费"，虽然与社会发展水平相适应，也培养了游戏用户的付费习惯，并打击了盗版、扩大了市场基础，但充值就可以提高游戏体验的做法，还是降低了游戏用户对游戏设计，特别是游戏"沉浸感"的期待，也导致了我国游戏产业相对单一的面貌和生态，窄化了大部分游戏用户对游戏的想象。2020 年年初，《集合啦！动物森友会》《健身环大冒险》两款基于主机平台的游戏进入大众视野，恰恰说明我国游戏市场潜在的包容度和可能性。

问题在于，如何将这些包容度和可能性转化为现实。如果可以进口更多的优秀游戏，给游戏用户多样化的游戏体验，就会开创出新的市场需

求，引导国内游戏产业的健康、有序发展。此外，我国主机游戏的占比，也大大低于全球游戏市场，这也是一个潜在的增长点。今天，我国社会的发展水平和消费能力已经可以支撑起一个主机游戏市场，但因为游戏文化的差异，我们始终没有充分地培育出相应的游戏用户群体。如果能像电脑端网络游戏时代一样，先以进口游戏培养游戏用户的消费习惯，我国也可以发展出一个有自身文化特色的主机游戏市场。实际上，尽管今天主机游戏在整个游戏产业中的比重已大幅下降，但其地位仍可以和电影在文化娱乐行业中的"旗舰"作用相类比，代表着最先进的技术、游戏机制和玩法设计。在一定意义上，如果我国不能制作出顶尖的主机游戏，则很难在世界游戏产业中形成真正具有文化软实力意义上的国际影响力。

第二节 到底怎样才是文化"走出去"?

在 2019 年年末，无论年龄，也就是上到"75 后"末端，下到"05 后"初端，只要在媒介接受上具备基本的移动互联网属性，就基本上都知道下边两件事。

一个是《英雄联盟》S9，继 IG 战队夺冠后，来自中国大陆赛区的 FPX 战队 3∶0 战胜了来自欧洲赛区的 G2 战队，再次获得世界冠军。在国内范围并不算小的舆论场里，被认定该"一棒子打死"的游戏，不仅满世界都在玩，S9、TI9 这些代表性电竞赛事在收视率和经济效益上居然开始超过了足球世界杯这些传统体育的头部赛事。上海等国内城市开始抢着申办电竞赛事，这个世界变化的速度确实有些太过迅速。

另一个就是不仅同样很刺激、还很暴力的好莱坞 R 级电影《小丑》，成为横贯第四季度的网红话题，一些人为了看这个影片的影院版，甚至跑到澳门、香港。11 月 8 日，《小丑》的全球票房超过了 9.57 亿美元，成为影史上最赚钱的漫画改编电影。11 月 15 日，《小丑》则成为世界电影史上第一部全球票房破 10 亿美元的 R 级电影。

作为 DC 拓展宇宙超级英雄 IP 的衍生之作，《小丑》一反传统好莱坞类型电影的美式英雄主义套路,将延续了半个多世纪的"小丑"故事进行了"反英雄"的类型翻新,并具备了至少不逊于《V字仇杀队》式的意识形态传播效果,这已经是不争的事实,因为还没有全球彻底下线,所以上述被打破的纪录也还在被继续刷新中。尽管DC拓展宇宙起步在漫威《钢铁侠》五年之后的2013年,目前为止也仅仅上映了从《超人:钢铁之躯》到《雷霆沙赞!》7部影片,仅仅不到漫威现有23部的三分之一,但也依然在全球范围斩获了52.8亿美元票房。

当然,在票房表现上更耀眼的确实是漫威。漫威电影宇宙在从2008年起源的《钢铁侠》到2019年的《蜘蛛侠:英雄远征》,三个阶段共计23部合称为"无限传奇"的系列电影,12年间在全球范围收割了225.8亿美元票房。无论是从2008年的《钢铁侠》到一度摘得中国电影史总票房第三的《复仇者联盟4:终局之战》的漫威电影宇宙,还是此后引起关注的DC拓展宇宙的《海王》《小丑》,这些脱胎于二战前后并在"冷战"最高潮年代达到巅峰的漫威、DC系列漫画IP的好莱坞电影,不仅实现了"走出去",在收割着我国的电影票房的同时,也在打破着以《阿凡达》等为代表的各项世界电影史纪录。

近年来流行的"小镇青年"这一称谓,最早是从电影领域诞生,也正是因游戏、直播、短视频等移动互联网时代的各类App而流行。其背后是来自三四线城市和广大县级市的、未受过高等教育、工作不稳定、收入整体偏低的海量青少年群体,他们也被认定是电影、游戏、直播、短视频等背后的强大增量。

而如今,随着我国城镇化脚步已经进入大周期性的平台阶段,不管电影行业自身愿不愿意面对，自己开不开心，全行业增量的天花板周期已经到了。何况"触顶"的，绝不只是电影。和影片、影院、银幕数等进入瓶颈阶段相同步，对于"小镇青年"们最为重要的，曾一路飙升的智能手机出货量，如今也开始下滑，而且不只是我国，包括日韩、北美、西欧等文化娱乐消费的核心区域在内，智能手机都已开始饱和。

这一切说明什么？

无论是以电影为代表的传统文化产业，还是以游戏、直播、短视频等为代表的新兴数字文化产业，乃至二者身后的整个文化产业，其都已在中长周期内陷入了自身的"增长的极限"。在这样的行业生态下，我国电影、游戏、直播、短视频等行业，就必须得不断积蓄核心技术。因为电影、游戏领域的核心技术，远不仅限于其自身——漫威电影宇宙、DC拓展宇宙，能在21世纪第二个十年以后快速崛起，其中起到关键作用的视觉特效，正是来自北美电影、游戏公司长期的技术积淀。

人无远虑必有近忧，一旦全球贸易争端加剧，相关的贸易冲突蔓延到文化产业领域，如若我们在电影、游戏行业这些文化产业领域，继续"巨婴"式地选择无视核心技术的战略储备，那么会发生什么？

2019年夏天《全面战争·三国》的爆火，就为我们敲了警钟——别人拿我们的传统文化IP赚得钵满瓢满，我们真的应该开心吗？尤其是在当前全球文化保守主义、贸易保护主义盛行的现实语境下，我们更要放弃既往的不切实际的幻想——"走出去"当然有劲，但先保证自己家不要歇业。而且，漫威、DC的发展轨迹和路径也一再说明，一国文化的"走出去"，既不是一国政府官方单方面推动的结果，也绝不是过去臆想中的纯粹自由市场竞争的产物。

长期以来，对于如何"走出去"，在我们的各个层面也始终都有"弯道超车"的迷思。《流浪地球》《疯狂的外星人》就是最好的例证。2019年春节档的《流浪地球》不仅在国内票房火爆，在北美、澳新地区也同步上映，覆盖近60个城市的超百家影院。大年初一先行上映的IMAX版本，当天上座率超过90%，这也是中国电影首次以IMAX版本在海外发行。该片北美、澳新近400万美元的票房，也创下了近年来中国电影海外开画的最佳成绩。与此同时，《疯狂的外星人》却因为所谓的"倾向性"问题，在已经完成北美档期排片的情况下，被AMC等院线"临时"撤档。

很值得回味的是，上一次中国电影在海外取得如此反响，还是2016年末的《长城》。从《长城》到《流浪地球》《疯狂的外星人》，也为我们反思以电影为代表的我国通俗文艺"走出去"的现状和问题，提供了有效的参照。虽然由于《长城》影片本身的硬伤，使人们忽视了《长城》背后的真正问题，但《长城》在北美地区的上映规模高达3326家影院，首周票房即1800多万美元，最终票房4000余万美元，各项指标均远高于《流浪地球》。其中一个重要原因，就在于《长城》在北美的发行方，因为熟稔北美电影发行的各项规则，在美国电影协会明确分级为PG-13（特别辅导级，13岁以下儿童尤其要由父母陪同观看），因此获得了在北美各大院线大范围上映的机会。

因此，对于以《流浪地球》《疯狂的外星人》为代表的，进入新一轮发展周期的我国文化产业而言，在"走出去"的具体过程中，在自身内容、质量有一定程度的提高之后，应充分吸取上一阶段以资本运作为显著特征的"走出去"的经验教训，有效了解和利用各国家、地区的各项文化规则，为以电影为代表的我国通俗文艺"走出去"探索更广阔的空间。

当然，我国电影业要做的事情还有很多，与好莱坞的差距还很大，但在游戏领域就大大不同了。同样中资背景的手游《使命召唤》，在2019年10月和11月，也就是其10月1日上线发售后的前两个月中，就已经产生了超过1.72亿次的下载量，尤其是在美国最受欢迎，美国本土的安装量达2850万，高居总量的第一名。不仅如此，我们的主流媒体可能并未注意到，这款游戏还获得了谷歌2019年年度最佳游戏、年度最受欢迎游戏和有着游戏界的"奥斯卡"之称的TGA2019年年度最佳移动游戏奖，这两个极具行业认可度和口碑分量的重要奖项。没有丝毫想着"弯道超车"的《使命召唤》手游，更没有那些动辄上来就要拿出我们自己的IP之类的"抱负"——只有在完成技术消化，并熟悉北美"赛道"之后，真正意义的"走出去"才有落地的可能。

总之，真正完备、灵活的"走出去"机制，意味着可以更好地释放从官方到民间的，全产业链各生产要素的有机活力，真正成熟的文化工业也理应在一个国家内部起到政府、社会、文化资本等多方利益的集中、聚拢作用。自改革开放以来，我国对外开放程度不断加深，文化产业从世纪之交开始的指数式增长等诸多因素，都为不断生成具有全球普遍性价值的我国通俗文艺经验，提供了坚实的生长土壤。

特别是以移动互联网为表征的人类历史上前所未有的媒介迭代浪潮，

不可避免地带动了我国各个领域、各个层级等多维度、多层次的文化经验的发展和更新。

我国本土的通俗文艺，已经事实性地逐步挣脱了二战后诞生于北美、西欧的种种观念、概念。在改革开放之后被我们以"常识"来接受的，来自北美、西欧的通俗文艺的知识和理论，已事实性滞后于鲜活的当代中国经验、中国故事。我国电影、游戏、直播、短视频等跨媒介、融媒介的通俗文艺领域，若能实现平稳的、扎实的提升和发展，对于讲述中国故事，阐释中国经验，提升我国文化软实力，自然可以起到前所未有的媒介杠杆作用。

我国的文化产业，也可以借此一举完成类似好莱坞电影在 20 世纪 20 年代末、30 年代初所完成的时代跃迁——因为尤其以游戏、直播、短视频等为代表的这一媒介周期的中国经验，对于移动互联网的世界总体进程和即将到来的 5G 时代都具有着普遍性的示范意义。

眼下，我们得多学学人家的《小丑》，老老实实做好 IP 改编，这里的 IP 改编既包括刘慈欣、麦家这些我国当代通俗文艺的优秀成果，也包括《使命召唤》手游所试图消化的北美 IP，进一步推动游戏适龄提示，也就是摸索不同内容的各自"赛道"，别总想着"弯道超车"那样的好事儿，继续按着套路打，外边大环境不好就先守住"家底儿"，一板一眼地完成技术储备和独立自主，进而熟悉海外发行渠道和传播路径——"走出去"，属于我们这个时代的临界点，就没那么远了。

第三节　游戏出海，多维度提升国际话语权

2022年，国产精品游戏《原神》官方推出了"寻味之旅"美食制作纪录片《璃月食集》，该短片复刻了名菜"文火慢炖腌笃鲜"的制作过程，其推出的四国语言版本的第一期一经上线，就立即在国内外产生了现象级的传播效应，尤其在海外更是引发了广泛热议。

无疑，这是进入21世纪第二个十年以来，移动互联网的中国经验正在不断结晶和升华的生动体现。无论是《璃月食集》，还是此前推出的结合戏曲艺术而设计的角色云堇及其"演绎"的戏曲唱段《神女劈观》，都是我国直播、短视频在不断升维式发展过程中自然生长出的硕果，再加上依托于《原神》这样的国产精品移动端游戏，才有了看似"轻而易举"的高维媒介效应，实现了自21世纪以来传统媒介苦苦追求的文化"走出去"效果。

中华传统优秀文化走向世界的创造性转化与创新性发展，并不是"照着讲"，而是"接着讲"，是以当代中国精神、中国经验为指引，讲述中国故事，向世界传递中国理念，并创造性地转化出新的当代文化内涵，不断地在更高维度完成创新性发展。

更为重要的是，就世界范围而言，经过20世纪中后期以来近50年的发展，游戏文化已走向全球，具备主流文化价值，成为超越肤色、人种、民族和国家的世界性文化。在游戏文化土壤中生长出的电子竞技也已经发展成为拥抱全球发展趋势和潮流的新兴体育产业。在经历了互联网的迭代发展之后，我国终于在移动互联网时代通过电子竞技"出海"，积淀出了具有一定国际影响力的文化议题。例如，在2022英雄联盟全球总决赛（S12）小组赛，就有3支来自中国LPL赛区的电竞战队跻身8强。近年来，在英雄联盟全球总决赛、DOTA2国际邀请赛等全球主流电竞赛事上，中国电竞战队不仅接连取得优异成绩，还实现了更多维的文化"走出去"，更接地气地推动中华文化走向世界。

当前，作为移动互联网时代新兴媒介的内容产品，电子竞技在全球文化价值链上正发挥重要作用。而且，电子竞技影响力还有着远超主流文化认知范围的复杂性。尤其是在全球数字经济时代，游戏文化同时也是非传统安全的重要场域，电子竞技的意义自然远远超过体育运动本身。

2020年，电子竞技获准被列为杭州亚运会正式比赛项目。杭州亚运会上，《王者荣耀（亚运版）》《和平精英（亚运版）》《梦三国2》等依托于国产精品游戏，并不断"出海"的中国电子竞技项目，不仅能获得良好的国际影响，还能将凝结着中国经验的当代中国式生活方式、中华优秀传统文化及其背后的价值观，潜移默化地传播到全世界。

随着中国电竞持续"出海"，我们也能够更为清晰、直观地体会到，这并不是一个线性的、均质的、匀加速的过程，不同国家和地区的不同国情使其有着不同的频率、节奏。这也是自21世纪以来，在传统媒介平台上的文化"走出去"很难体会和掌握的复杂文化经验。例如，在中国电竞"出海"的实际过程中，就被反复提及要积极探索适应当地风土人情的本地化、本土化策略。显然，只有真切触及所在国家和地区信息基础设施的实际建设和开发状况与相关网民的年龄、收入、受教育程度和社会阶层等因素，以及在上述基础上所形成的媒介文化经验，才能更充分地讲好中国故事。从这个意义上来看，电竞的持续"出海"，也在为总体性坚守中华文化立场，提炼中国经验、讲好中国故事、传播好中国声音，不断提供具有现实意义的标尺和参照，进而实现创新国际传播话语体系、提高国际传播能力的"弯道超车"。

因此，我们既应科学研判国内外形势，增强发展信心，进一步完善我国电竞相关的团体标准、行业标准和国家标准，更要战略性地、未雨绸缪地做好全行业的系统性布局，大力发展针对不同圈层、不同年龄、不同地域的功能化、差异化、精品化的电竞项目矩阵。唯其如此，我国以游戏为代表的新兴主流文化、以电子竞技为代表的新兴体育产业，才能迎来新一轮的高质量发展，最终更好地形成同我国综合国力和国际地位相匹配的国际话语权。

第四节　网络文艺，大步"走出去"

2018年，一款叫作《太吾绘卷》的国产武侠题材独立游戏，在国外主流网游平台Steam上线15天即销售高达60万份，夺得周销量榜首，并长时间名列前茅，同时该游戏也获得了国外消费者的普遍认可，甚至出现了敦促其尽快推出英文版的呼吁。同期，另一款来自我国的教育题材独立游戏《中国式家长》上线仅一天便跻身为热销榜第二名。无独有偶，在国内电视台和视频网站同步播出的连续剧《天盛长歌》，在《白夜追凶》之后，再次在世界最大的收费视频网站奈飞（Netflix）播出，并且是被最高级别预购，以十几种语言面向全球190多个国家及地区播出。电视剧《延禧攻略》《如懿传》则在过去一段时间以来，持续风靡港台地区和东南亚国家。上述来自网络游戏、网络剧等网络文艺领域的鲜活事例，清晰地显示着中国文化的"走出去"进程，正在步入新一轮发展周期。

一、网络文艺开始收获改革红利

随着21世纪以来互联网在全球范围的快速普及，特别是近五六年来移动互联网所不断释放的媒介迭代效应，各国年轻人之间可共享的文化经验越来越多。我国文化在海外的实际传播和接受，也不再像过去以《媳妇的美好时代》《金太狼的幸福生活》等为代表的"走出去"阶段，只是处于单纯地讨论剧情冲突、人物关系等初步层次；在以《白夜追凶》《延禧攻略》《如懿传》《天盛长歌》《太吾绘卷》《中国式家长》等为代表的新一轮"走出去"过程中，正发展为从上游的原著是否侵权、下游的道具周边购买等非常具体的细分话题。

不仅如此，在古装、武侠题材之后，《白夜追凶》《中国式家长》等现实题材网络文艺也开始受到国外受众的初步认可。这在我国既往的文化"走出去"经验中，几乎是不可想象的。这背后则是我国以网络文艺为代表的文化产业，经过世纪之交到今天这20年左右的市场化、产业化改革，开始收获来自市场和产业的改革红利的缩影。因为从全球范围来看，除了好莱坞之外，也只有"韩流"曾达到这样的程度。

以网络文艺为代表的诸多领域所迸发出的创造力，不只体现为经济价值，它们的成果和结晶也同样影响着当今社会的主流文化格局。网络剧领域，近年来以其更为精细的受众区分和定位，在类型上的更为大胆的尝试和创新，生产出了《法医秦明》《河神》《白夜追凶》《无罪之证》《延禧攻略》这样的拳头产品，从整体上提升了网络剧的质量，事实上也改写着电视剧本身的定义。这在我国电视剧产量持续下滑、供给不平衡不充分的现实语境下，不仅具有积极、正面的市场调节意义，也在相当程度上满足了老百姓多样化、差异化的文化娱乐消费需求。

二、中国风美学风靡台港澳

随着交流的深入，文化版图正在重新调整，文化疆界也在重新标识。对于传统文化，很多青年呈现出了普遍性的正面欢迎、拥抱态度。对于以中国风美学为代表的传统文化的接受度和认同度，相较上一文化周期更高。《延禧攻略》除了在中国大陆热播之外，在香港、台湾地区也广受欢迎，越南的视频网站甚至还出现了盗播现象。《如懿传》不仅在大陆视频网站播出，香港TVB、东南亚的寰宇广播电视网、美国福斯传媒电视频道也都在同步跟进。这在我国过往的广播电视史上，都是为数不多的现象级表现。

随着我国综合国力的稳步增长，中国文化"走出去"的逻辑和诉求，在这一伟大历史进程中也正发生着无声无息的历史性嬗变。当前以网络游戏、网络视频、网络动漫、网络文学、网络音乐等诸多领域为代表的网络文艺，正在成为当代中国文化"走出去"的重要组成部分，在讲好中国故事和推动中国文化"走出去"的过程中，扮演着极为重要的文化角色。

然而，目前我国文化出口水平与文化产业发展水平仍并不相符，尤其是在"一带一路"的大时代背景下，不断"走出去"的中国文化，不可避免地会不断涉及其他国家、地区的民族、宗教等重大问题，我们还缺乏相关的应对技巧、经验，注定还将有着漫长的摸索过程。

在新一轮中国文化"走出去"的周期及其所必须面对的新形势、新问题、新挑战，决定了我们必须充分调动和激发作为"新的社会阶层人士"

的新媒体从业人员，在网络文艺领域的创造力，创新我国文化产业的内容、形式和体制、机制，拓展"走出去"的渠道、平台，真正做到根据不同国家、地区的民族、宗教等实际状况，有针对性地提供差异性的文化产品和文化服务。

我们还应坚定不移地坚持市场导向，尤其是在国内应鼓励充分的市场竞争，为以独立游戏、功能游戏等为代表的中小成本网络文艺内容，营造规范、有序、公平、公正的市场环境。尽快完成我国文化产业内部结构的转型升级，文化产业的供给侧提质增效，解决我国目前文化产业增加值增速放缓、内在品质不高、文化创意不足、文化精品匮乏等突出问题，从而最终实现增强中华文化的吸引力、亲和力、感染力，在新一轮的中国文化"走出去"的历史进程中，有条不紊地向世界阐释、推介、传播更多具有中国特色、体现中国精神、蕴藏中国智慧的生动中国故事。

第四章

正在主流化的电竞及其综合影响

第一节　电竞进亚运会、奥运会的历史景深

　　一提起亚运会、奥运会，普通中国人的记忆景深，一般会拉到"零的突破"的 1984 年洛杉矶奥运会，会回想起五连冠的女排精神和体操王子李宁，以及已晦涩不清的 1988 年汉城奥运会……当然，最直接、最鲜艳的记忆，还是以熊猫盼盼为标识的 1990 年北京亚运会。是啊，经过 20 世纪 80 年代的漫长辗转反侧，1990 年北京亚运会的节点意义不言而喻，那之后虽然也有 1993 年悉尼申奥刻骨铭心的曲折，但记忆的镜像已清晰而明亮。

　　年长的一些国人都知道，从奥运到亚运再到奥运的全面突破，远不只是体育层面，那同时也是国运翻转的缩影。这个国家、这个民族在近 30 年间，对这一情结的报复性反弹和补偿，也终于在 2008 年得到了"无与伦比"的释放和喷射。

　　的确，在一定程度上，将国家、民族命运和体育运动进行捆绑，这本身就是来自物竞天择的进化论等现代观念的想象和绑架。因为只有放置在线性的进化时间轴里，人种、民族才会需要通过体育等筛选标准被判断优劣高下。在这个意义上，我们再回看中国人对奥运、亚运的记忆和

经验，真正开始放下执念，走出迷失，恐怕都是在从伦敦奥运会到里约奥运会这几年的光景。

回到"零的突破"的1984年，有一点自始至终都被人为遮盖和忽视的就是1984年洛杉矶奥运会的商业意义。在那之前，奥运会都是由单一民族国家承揽所有投入，通俗地说，就是任何想承办奥运会的国家，无论是社会主义还是资本主义，都不得不通过"举国体制"来办奥运，无一例外。直到1984年，一些国际大机构、大资本开始介入奥运会的商业运作和开发，至少美国等发达资本主义国家，可以开始从繁复的奥运日程表中获得相对的解脱，也更符合他们联邦制、普通法治理的具体国情。打开电视看奥运——奥运会、世界杯、亚运会等大型体育赛事的现场直播，这个戏码也在1984年之后，开始一步步被坐实，并一直延续到今天。用今天的语言来表达，恰恰是电视直播，是链接体育赛事 IP 开发和广告、赞助等商业利益的关键闭环。

大型体育赛事开始"在商言商"，这个1984年，恐怕是连那个《1984》，都不曾料想的未来。

这就是2014年5月，NBC 豪放地痛快砸下120亿美元，生怕再涨价似的一次性拿下直到2032年为止的，5届奥运会的美国独家转播权的历史逻辑——真实的现实，奥运会所裹挟的美国人的收视率，就是美国人看奥运的热情换算成人民币，每一届都至少值200亿元。

而且今天的现实走得更远，或者说在更为彻底地实现这个1984年以来的戏码。2016年里约奥运会有着更为丰富的历史内涵。它是夏季奥运会在美国的收视率自2000年以来的首次下滑。多项收视率指标已经跌破 1984 年的历史起点，里约奥运会闭幕式的收视率干脆创造了尼尔森自 1972 年对奥运进行统计以来的历史最低纪录。

还有更加直接的例证。在 2017 年 7 月 11 日，当国际奥委会在洛桑全会上提及申办 2028 年夏季奥运会的城市时，当场就尴尬了，因为没有一个城市报名。"在商言商"的国际奥委会倒真是一不做二不休，索性在 2017 年 8 月 1 日将原本要竞争 2024 年奥运会的巴黎和洛杉矶叫到一起，史无前例地一次性同时宣布下两届的举办城市——巴黎举办 2024 年奥运会、洛杉矶举办 2028 年奥运会。

在普通中国人心目中，还隐约着创伤体验的，无比神圣的奥运申办，今天正在面临着现代奥运以来史无前例的难堪——夏季奥运会已经快没人申办了。

这就是目前我们的视野中关于奥运的所有认知的极限，相关的所有讨论最远也就走到这一步。然而，就在这里还隐藏着一场悄无声息的文化转型。

2016 年里约奥运会收视率低到了 NBC 不得不向约 2100 万个美国家庭电视用户赠送付费时段来保住收视率的地步，各项收视率动辄 20% 的下跌使 NBC 甚至需要做一些补偿。就是在这样惨淡的情况下，NBC 的经济收益却创造了其转播大型体育赛事的历史纪录。

这里面到底发生了什么，显然在我们视野之外。因为同期的中央电视台，还处于可能是基于垄断优势的最后的收视"高潮"，但即便如此，比同步直播延迟半小时的非独家奥运新媒体版权也依然要价高达 1 亿元——这已经达到了电视的奥运黄金时段节目冠名标王的身价。

在美国，这一趋势更为清晰和直白。NBC相关数据显示，里约奥运会通过在线流媒体视频，直播了超过852分钟的内容，这个数字已经超过伦敦奥运会的电视直播时长的总和。在收视率就要跌到尘埃里的另外一端，NBC的App在线流媒体的视频直播收视达到了27亿分钟，是此前奥运会在线流媒体视频直播收视的所有时长的两倍。在美国那样的人口基数下，NBC的数字平台已拥有1亿以上的独立用户——无论是美国还是中国，来自移动互联网的巨浪，都在无声无息地碾压着包括上一代媒介在内的一切传统媒介。这也是电竞登上亚运乃至奥运舞台的历史背景。

这也是早已不能激起国人曾经的关注热情的亚运会，走到2018年的历史转折意义，这个转折虽然目前为止还貌不惊人，但其历史定位可能并不输给1984年洛杉矶奥运会。

在雅加达亚洲运动会上，《星际争霸2》《炉石传说》《实况足球2018》《英雄联盟》《部落冲突：皇室战争》《王者荣耀》国际版等电子竞技项目，开始成为亚运会的表演示范项目。毋庸多言，网络游戏、电子竞技等，这些东西在一些中国人眼中，即便不是"精神鸦片""电子海洛因""网瘾"这些耸人听闻的词汇，也绝对登不上大雅之堂。特别是当它们集体堂而皇之地出现在"我们亚洲，山是高昂的头；我们亚洲，河像热血流"的亚运会舞台上的时候，显然超出了我们既往文化经验的理解能力和阐释能力。

就像前边所说，通过出售电视转播权、赞助商冠名权等方式，1984年的洛杉矶奥运会在没有政府资助的情况下，实现了超过2亿美元的盈利。而奥运的电视直播收入，自1960年以来，已经增长了30多倍。根据国际奥委会发布的财报数据，在2013—2016年，即里约奥运会的周期内，来自电视转播授权的收入约占其总收入的73%，是当之无愧的奥运经济"顶梁柱"。而2016年里约奥运会，正是历史上第一次数字平台转播覆盖率超过电视平台的夏季奥运会。显然，新的"顶梁柱"来了，并且在快速取代旧的"顶梁柱"，那么"在商言商"的奥运会，会和钱过不去吗？

当下，很多人之所以不理解为什么网络游戏、电子竞技会大摇大摆地在亚运舞台上搔首弄姿，就在于他们对新的"顶梁柱"的力量一无所知。2017年，某网络游戏的职业赛事观赛人次突破100亿，全年观赛时长突破17亿小时，单日最高观赛人次更是突破1.4亿，以上数据既打破了电竞史上已公布赛事数据的所有纪录，也打破了传统体育赛事转播的所有纪录。100亿人次意味着每个地球人都至少看过一次，17亿小时足够进行一次银河系级别的太空旅行……这种天量数据，足以碾压人类历史上包括电影、电视等一切媒介经验的各项纪录。

这还没完，2017年，网络游戏的全球营收为1160亿美元，覆盖超过22亿人。而传统体育2017年的全球营收仅在1400亿美元左右，奥运会的影响力也只是全世界的一半多人口——以网络游戏为根基的电子竞技产业的规模，最快将在2020年就追上传统体育产业。

不仅如此，电子竞技已经成为2022年杭州亚运会的正式比赛项目——这意味着电子竞技，从此获得了和乒乓球、足球、田径、游泳等所有其他体育项目一样平起平坐的地位。2023年6月22日，国际奥委会在新加坡举办了历史上首个"奥林匹克电子竞技周"及"奥林匹克电竞系列赛"。9月6日，国际奥委会主席托马斯·巴赫更是宣布，国际奥委会将成立专项的电子竞技委员会。这也是国际奥委会在2018年成立的电子竞技联络小组的基础上，对电竞运动专项在组织级别规格上的进一步升级，凸显了国际奥委会对电子竞技巨大发展潜力的充分认可，电竞成为奥运会的正式比赛项目也有了更为清晰的前景和进度条。

早在2003年，电子竞技就被国家体育总局列为正式开展的第99号体育项目，2008年又将其提升到第78号体育项目。电子竞技进入国际运动会也并不是2018年才开始的，早在2007年，电子竞技就已首次被列入第2届亚洲室内运动会的正式比赛项目，并在之后的2009年和2013年、2017年的亚洲室内与武道运动会上一直延续至今。我国的电竞国家队也早在2007年就开始活跃在各个级别、类型的国际比赛上争金夺银。

而且，我国凭借325亿美元的营收份额和8.14亿的互联网用户，已成为世界上最大的网络游戏市场，这一蛋糕有多大？单单网络游戏的海外发行这一块，就已经超过了国内电影票房。

面对这样令人错愕不已的现实，我们怎么办？

从传统电视到移动互联网，这个世界的规则和玩法正在大尺度地改变，体育从来都不是个案和特例。相比较起来，真正的问题是，我们这个国家成年人的精神世界更需要进一步丰富。

第二节　从亚运会电竞金牌看中国亚文化的创造性

2018年8月26日，雅加达亚运会首枚电子竞技金牌由中国队夺得。从外形上看，电竞项目的金牌与其他赛事的金牌无二，但却创造了一个新的历史：过去20年被认为是洪水猛兽的电竞，这一次真的登上了大雅之堂。在这个历史节点，我们应重新审视和深入梳理亚文化的当代变迁，及其所连带的复杂历史影响。

一、亚文化呈现"全年龄向"和对传统文化的拥抱姿态

亚文化这个词汇来自英语subculture。其前缀"sub"意为"之下的""次级的"，顾名思义，subculture就是"主流文化之下的次级文化"。1950年，英国社会学家大卫·雷斯曼首次提出大众和亚文化的差别：大众是"消极地接受了商业所给予的风格和价值"的群体，而亚文化则具有探索精神，"积极地寻求一种小众的风格"。在长达半个世纪里，亚文化的这一特征保持着极为稳定的状态，且越来越成为被不断巩固的"常识"，并被普遍接受。

然而，以移动互联网为表征的媒介迭代浪潮，带动了各个领域多维度、多层次的文化经验的发展和更新。与之相适应的是，近10年来，亚文化显示出越来越主流化和商业化的特征。作为其标签的探索精神，越来越被文化资本、大众文化等多重话语所消费和利用。亚文化的"亚"开始消失。"全年龄向"和对传统文化的拥抱姿态，是其主流化的重要表现。例如，深受日本动漫文化影响的cosplay，绝不仅仅是青少年群体所专有，大量中老年群体亦乐此不疲地参与；同样，美国SpaceX公司在一辆特斯拉轿车被火箭送上太空之后，车内循环播放的是1969年大卫·鲍伊的经典摇滚歌曲《太空怪人》，也受到了几乎全年龄群体的热捧。

在对待传统文化的态度上，亚文化的主流化和商业化也呈现出更为复杂的时代样貌。之前在整个20世纪，从东方到西方，从发达国家到发展中国家，以青年文化为主体的亚文化现象，对于各主流文化背后的传统文化基本上都采取不兼容甚至相悖的姿态。但是在今天，青年一代同时也是传统文化的消费主体。从《我在故宫修文物》《中国诗词大会》《朗读者》到《国家宝藏》，传统文化题材不断收割影视、互联网等诸多领域的收视率、点击率纪录，这是前所未有的文化现象。

二、中国青年文化正在生成具有世界意义的原创经验

网络游戏是亚文化的一个重要表现形式和载体。本次雅加达亚运会《英雄联盟》表演项目中国队夺冠后，社交媒体上瞬间被消息刷屏，在央视App"央视影音"发起的"亚运之星"投票中，前7名中竟然有5位都

来自《英雄联盟》项目，足以见得电竞的号召力之大。其实，作为移动互联网普及程度最高的国家，电竞的"走红"只是我国亚文化领域所发生的天翻地覆变化的一个缩影。我国的亚文化现象开始不断涌入主流视野，包括在过去一直处于大众视野之外的喊麦、街舞等亚文化文艺表达方式，也因为其争议性而形成了强烈的话题效应，获得了主流媒介的持续性关注。

面对我国以青年文化为主体和主力的亚文化现象，我们应该有着更为纵深的历史视野。因为在20世纪历史中，好的青年亚文化现象可以深入到主流文化所不能覆盖的区域。青年文化无论是作为现代性、先锋性、探索性的排头兵，还是扮演着亚文化形态的探索角色，始终都有着无与伦比的创造性。在当前，我们所不断讨论和反思的、受到全社会持续关注的青年亚文化问题，其实质就是在讨论青年亚文化的创造性问题。只不过，在移动互联网作为整个时代的远不止是媒介意义上的基础设施已经搭建完毕的历史语境下，我国的青年亚文化问题展现出了前所未有的历史复杂形态。在不断加深的主流化、商业化过程中，一方面青年亚文化出现了许多可喜的改变，但另一方面，应警惕青年亚文化沦为娱乐消费符码，保有先锋性、创造性才能为其提供不竭的动力支撑。

重新反思亚文化现象的内在演化逻辑，当下我国的亚文化现象的内涵和外延，已经开始基本超脱出欧美曾经的、被我们以"常识"来接受的概念范畴，正在生成具有世界意义的原创性文化经验。

第三节　不应物化电竞所折射的代际文化经验

　　的确，2018 年一方面是从《偶像练习生》《创造 101》，到电竞亚运摘金夺银、IG《英雄联盟》S8 夺冠；另一方面是从金庸、李咏、斯坦·李的辞世，到《延禧攻略》的海外"意外"走红和金马奖的纷争。来自不同代际、不同媒介的各种各样的文化经验、文化事件，不断涌入主流社会的视野中。这也是我们再回望 2018 年的一个清晰标记。而且，主流社会，特别是那些主流媒体，对这些很多事实上也是完全不相关的文化现象，操持着怎样的态度和口吻，一个不争的事实是，再也没有哪一个文化圈层能够像过去一样主导主流社会的舆论场。

　　当然，在这些纷繁复杂的文化现象背后，也不是没有其内在的规律。如果我们要从中寻找主线，那么，无论来自哪个代际、哪种媒介、哪些圈层，这些文化现象都有一个共同的关键词——大写的"青春"。显然，所有的青春都值得被礼赞，所有的青春都生而平等，任何一代的青春都值得被珍视。但在今天，这却并不是自明的道理，这也是 2018 年留给未来的追问。

　　站在当下的角度回看，自 20 世纪 80 年代中后期以来，金庸的武侠小说及其改编影视剧，小家庭的红白机、游戏厅的大型电玩等电子游戏，《幸运52》《非常6+1》等电视综艺，《传奇》《街头争霸》等网络游戏……覆盖了大致从"65后"到"85前"将近20年间的几代人的青春印痕，是如此的清晰和了然，没有问题也没有争议。但如果我们重返任一历史现场，在其时代的褶皱处，就会发现当时的现场绝不是今天理直气壮的平顺和自然。无论是金庸的武侠小说、电子游戏，还是电视综艺、网络游戏，在各自的时代的初始阶段，都无一例外地被冠以抑或玩物丧志、不思进取，抑或离经叛道、歪曲历史等字眼，甚至"精神鸦片""电子海洛因"这些"经典"标签，也并不是今天这个时代的原创，在上述时代就已经被"发明"，并在那之后的30多年间周期性地循环出现。

所以，今天1990年前后的一代人，确实也不必过于夸大自身的特殊性，因为与过往代际相比，他们并没有太过"额外"的遭遇。因为，在上述被称为"青春"的脉络中，还隐藏着另外一条线索，就是不断加速的媒介迭代。金庸的武侠小说，不管是正版，还是盗版，其正好遇到了改革开放初期印刷出版物在内地雨后春笋般地涌现契机，今天再回看，也是纸媒在内地的最高潮。随后的故事更不必说，黑白电视、彩色电视、录像机等家用电器，在消费升级的号角声中，出现在了几乎每一个城市家庭，金庸武侠小说改编的影视剧、红白机、电视综艺、网络游戏……年青一代的新的文化娱乐方式，犹如箭竹开花般一股脑地渗入到了我们的日常生活。

我们确实还没有与这段历史拉开足够的距离感，因此对于这段历史的意义远没有足够的认知——上述任何一种媒介形态的青年文化，都没有经过超过一代人的充分消化，就立即被以新的媒介形态出现的新一代青年文化迭代——这在整个人类历史上，似乎绝无仅有。的确，以往诸如报纸、杂志、电台、电影、电视等新媒体，在以挑战者姿态出现，并坐稳江山后，都至少会再沿袭几代人，并为几代人所共享。同时，即便是我国 21 世纪前十年如日中天的电视，也很难完全"吃掉"电影和报纸、杂志这些"旧"媒体。

但今天，不同了。

本来所有新兴媒介的出现，都不可避免地要有一个被主流社会逐渐接受的过程，更何况在我国的这 30 多年间，每一种新的媒介形态背后又还结合着新一代青年人。在过去，新的青年文化不管主观上是否愿意，都不得不在上一代人的媒介形态上表达自己，在文化观念、文化价值、文化经验上，与上一代人同场竞技。这也是 20 世纪中叶之后青年文化大多以亚文化面貌出现的一个基本历史维度——在主流媒体上基本没机会，你又要我怎样？我还能怎样？那我只好去玩我的各种"朋克"了。

而在今天，移动互联网这一新媒介形态，不仅携带着新一代的青年文化，其自身还要革掉之前所有媒介形态的"命"。在这个意义上，作为 1990 年前后的一代，也要试着去理解自身遭遇的必然性。即便是在风起云涌的 20 世纪，任何一种新的青年文化被主流文化接纳都需要一个过程，何况这一代青年文化背后的新媒介形态，还有可能干掉之前所有媒介形态——主流媒体的那些抵触，何尝不是他们最后的抗争？

是啊，上一次学生宿舍里的集体高潮，还是在 2008 年。在这之后 10 年的沉寂，也是整个社会的缩影。IG《英雄联盟》S8 的夺冠，可能是在未来回看2018年时所听到的年度最强音,那也是1990年前后一代人青春的最后嘶吼。

不要物化游戏,也不要物化任何一代年轻人以及他们的一切。这句话不仅是说给别人,也是说给自己。21世纪以来的将近20年间,网络游戏、二次元、网络文学等新兴媒介形态下的文化娱乐方式开始不断登堂入室,包括媒体、高校、科研机构的一些人也在刷存在感等,最终结果就是不断地物化新一代青年文化。不仅没有真正推动媒介融合背后的不同代际文化的有效融合,诸如对二次元、网络文学等领域的理论误导反而更加剧了代际之间的文化观念、文化价值、文化经验的隔阂。

移动互联网革掉所有媒介形态的"命"的这一特质,导致了一个历史性的后果,就是依托在其基础之上的新一代青年文化也随着移动互联网作为和高铁一样的基础设施完成全国性的系统性搭建之后,开始逐渐主流化,并且还会更加主流,并在可预见的十年左右时间,成为主流中的主流。

那么问题来了,在IG夺冠夜完成成年礼的1990年前后的一代人,接下来的主流人生,你们准备好了吗?因为一旦作为亚文化的青年文化实现了主流化,那么首先亚文化中的"亚"的特征,就在主流化的那一瞬间消退。作为其自身标签的反抗和颠覆精神,也越来越被文化资本、大众文化等多重话语消费和利用——你们要还是熟视无睹,那就只有"被"主流的命运。

当然,这个问题其实还有另外一种表述,就是你们想好如何在成年人的社会中体面地扮演成年人的角色了吗?上几代人在这件事上确实远算不上成功，但现在愿不愿意也该你们了，你们准备好了吗？

不要被他人物化、也不要自我物化。1990年前后一代人迟迟不被承认的青春，也恰恰是这一代人的历史机遇。到目前为止，所有代际，只有他们可以不经转化，就直接将自己的青春经验实现主流化的呈现，就算其实是缅怀和凭吊，也算。上几代人在主流社会扮演成年人角色的不尽成功，也给这代人提供了巨大的腾挪空间。这既是中国平台型互联网企业被移动互联网的时代浪潮激起的求生欲，也是在"80后""85后"和"95后""00后"中间的，1990年前后一代人的职场"上半场"的最后红利。踩住了这个节点，既会打开新的世界，也会为在主流社会的成年人角色扮演，提供充足、自如的戏码。当代青年文化也不只属于青年群体，并不会随着一代青年的老去而消逝，而是在其绝大多数领域都越来越呈现出"全年龄向"的特征，这一特征也不乏横贯东西的例证。毋庸多言，这是一项漫长的挑战。

青春从未被终结，青春永远只是刚刚开始，它始终都要面临抗争的宿命。

青春不仅不是想象中一样天经地义，反而是一个非常晚近的"发明"。直到1904年，今天已经是人类常识的"青春期"概念才被第一次提出，而且还只是假说，真正被现代医学有效讨论和全面认知，更是在二战之后。你没看错，青春真成为一回事，往多了说还不到80年。

无疑，在今天，我国青年文化现象的内涵和外延已经开始基本超脱出北美、西欧曾经的，在改革开放之后被我们以"常识"来接受的青年亚文化范畴。我国当下的新一代青年文化正在生成着具有世界史意义的原创性文化经验,持续产生着复杂的时代内涵和波澜壮阔的世界性影响。当我们讨论游戏、讨论年轻人和他们的一切的时候,我们是在讨论和反思日趋受到全社会持续关注的青年文化,我们是在讨论和反思当代青年文化的想象力和创造性。

第四节　EDG 夺冠，喝彩背后的历史节点

2021 年《英雄联盟》全球总决赛（简称 S11）在冰岛首都雷克雅未克落幕，来自中国 LPL 赛区的 EDG 战队夺得队史首个冠军，在国内外的社交平台上引起巨大反响。此前，亚奥理事会公布的包括《英雄联盟》在内的 8 款入选 2022 年杭州亚运会电竞比赛项目的游戏名单，这也是电竞首次作为正式竞赛项目登上大型洲际综合性运动会的舞台。

不仅如此，其他文化领域一直期待的"走出去"，也被游戏领域一再实现：2020 年，以移动游戏为主的中国自主研发游戏在海外市场的实际销售收入为 154.50 亿美元，同比增长 33.25%。可以说，以移动端为主的游戏，是我国真正拥有产业意义上的世界性影响力的文化产品。

这就意味着，游戏已不仅是全球性的文化商品，也是全球性的文化价值工具。尤其是作为移动互联网时代的新兴媒介，游戏具有无法估量的高维文化势能。

可见，在数字经济时代，游戏的意义已经远远超过游戏本身。如何使其与中华优秀传统文化结合，最大化游戏的潜在文化势能，使其在中国文化"走出去"的过程中发挥更大作用是一个值得严肃讨论、认真探究

的事关文化和社会发展的关键问题。

毋庸讳言，在国内语境下，就算是到了今天，在一部分人的一般印象中，一提起中华优秀传统文化等关乎中华民族共同体意识的基本文化价值，还是会有刻板的"老古董"式印象，也很少会将相关话题与游戏等移动互联网时代的新兴媒介联系起来。

然而近年来，包括游戏在内的移动互联网时代的新兴媒介所折射出的一系列新鲜、纷繁的文化经验，却从根本上颠覆了这种固有印象。从2016年的《我在故宫修文物》、2017年的《国家宝藏》等开始，广大青少年群体对于中华优秀传统文化表现出前所未见的巨大热情。与中华优秀传统文化相关的纪录片、综艺、游戏、直播、短视频、文创衍生品以及博物馆等文化旅游网红景点，热度不断蹿升，大大超出既往文化经验的认知和解读范围。

随着新世纪以来互联网在全球范围的快速普及，各国年轻人的文化壁垒和意识形态隔阂已经大大消退，同代人可共享的文化经验越来越多。在这种新的文化现象和文化症候影响下，不单单在中国内地，我国港澳台地区乃至大中华文化圈的很多青年，都不再像上一个文化周期那样普遍性地全盘西化，他们对于中华优秀传统文化的接受度和认同度，早已今非昔比。以游戏为代表的移动互联网时代的新兴媒介所迸发出的创造力，其成果和结晶也同样影响着当今社会的主流文化格局。移动互联网时代的新兴媒介正在成为连接中华优秀传统文化与主流社会议题的主要公共文化载体和渠道，并已展现出高维、多元的社会影响。

随着文化软实力的作用在世界各国综合国力的竞争中越来越被凸显，

如何充分用好以游戏为代表的移动互联网时代新兴媒介，弘扬、传承、发展中华优秀传统文化，讲好中国故事和推动中国文化"走出去"，只会越发紧迫。在当前这一文化周期，从"佛系"到"躺平"，关于青少年文化不同层面的集体焦虑浮现，其所反映的社会心理意味已毋庸多言。在这样的背景下，我们再审视当代文化的历史纵深，才有着更为明确的现实指向。这都要求我们尽快完成我国文化产业内部的结构性转型升级，鼓励充分的市场竞争，为以独立游戏、功能游戏等为代表的中小成本数字文化产业内容，营造规范、有序、公平、公正的市场环境，实现我国文化产业供给侧的提质增效，一步步解决我国目前文化产业增加值增速放缓、内在品质不高、文化创意不足、文化精品匮乏等突出的结构性问题，从而最终实现增强中国文化的吸引力、亲和力、感染力的总体目标。我们相信，在新一轮中国文化"走出去"的历史进程中，以游戏为代表的数字文化产业，将更为有效地发挥高维媒介优势，更为有条不紊地向世界阐释、推介、传播更多具有中国特色、更体现中国精神、更蕴藏中国智慧的生动中国故事。

第五节 电竞业也有"卡脖子"难题

《英雄联盟》S10全球总决赛2020年末在上海落下帷幕，相关热点话题短时喷发。旨在打造"全球电竞之都"的上海，已经悄然聚集了全国80%以上的电竞企业和俱乐部，俱乐部收入和赛事收入均占全行业收入的50%左右，2020年上海的电竞产业规模预计将超过220亿元。

这一切都是近年来我国网络游戏产业高速发展的缩影，尤其是在2020年上半年，我国自主研发游戏国内市场实际销售收入达到1201.4亿元，同比增长30.38%，海外市场的实际销售收入，也达到直逼国内电影票房规模的533.62亿元，同比增长36.32%。

在电竞主场化和区域政策的推动下，电竞+城市的新增长模式，在大幅拉升电竞联赛的社会影响、推动电竞产业的相关商业模式不断落地的同时，也带动了相关城市和区域的经济增长，电竞和网络游戏产业的"破圈"效应，已达到影响主流社会的程度。我国自然也成为被世界电竞产业最为看好的电竞、网络游戏综合体市场。

然而，尽管我国电竞产业在近年来取得长足发展，但要在世界电竞版图上明确锚定自身的地位和角色，还必须在电竞和网络游戏产业的核心科技硬实力上不断攻坚克难。从《英雄联盟》《DOTA2》《守望先锋》《绝地求生》等目前热度较高的电竞游戏来看，均属国外引进的进口网络游戏，国内原创游戏衍生出的具有较大影响力的电竞赛事仅有手游《王者荣耀》。这就意味着电竞行业标准的话语权基本掌握在国外的那些大IP手中。

不仅如此，在电竞和游戏产业的核心技术领域，我们依然处于被国外掣肘的不利境地。每一款大型网络游戏几乎都对应了一个自主研发的游戏引擎，在世界十大网络游戏自研引擎中，与芯片和计算机操作系统的尴尬境地一样，并没有我国企业的身影。国内在单机游戏和端游时代，自研引擎也曾百花齐放，西山居、网易、腾讯等头部厂商都曾走在自研引擎的前列。进入移动互联网时代，单机、端游市场持续萎缩，海外3A级网游的不断引入以及手游时代来临等多重因素影响，"短平快"开始成为我国游戏研发的主导思路，游戏开发商更愿意直接购买外国商业引擎，自研引擎的空间被极度压缩。与Unity引擎、虚幻5引擎等相比，我国自研引擎在渲染、物理、碰撞检测、脚本、人工智能和场景管理等模块方面，可谓相形见绌。

正是在这样的国内情况下，我国的电竞和网络游戏产业，必须居安思危，尽快攻克游戏引擎等核心技术。因为一旦全球贸易争端加剧，相关的贸易冲突蔓延到文化领域，不仅电竞和网络游戏产业，包括电影等其他文化产业相关领域，也都将受到直接冲击，这将对发展我国文化产业，推动中国文化"走出去"产生不利影响。

第五章 产业前沿,「影游融合」的理想与现实

第一节 "影游融合"的基本话语逻辑和认知框架

2014年,成立不久的游族影业携《三体》IP改编的耀眼光晕,卷积着各方的热望与躁动,一次次地将其率先提出的"影游联动"推向时代舞台的聚光灯下。然而,尽管流逝的时间始终没有为我们带来《三体》IP改编的答案,关于电影和网络游戏关系的相关讨论却并没有终止。经过2018年《头号玩家》的接棒和换档之后,"影游联动"所裹挟的语义开始逐渐转换为"影游融合"。在资本和金融市场上已然退潮的喧嚣、躁动,却在影视学科内部逐渐升温。

无论是"影游联动"还是"影游融合",一个以影视为进入视角的认知谱系,能够具有近十年的存在周期且仍有一定话语空间,那么时至今日,当我们还在讨论"影游融合"的时候,我们到底在具体讨论什么?从高校、科研机构的角度出发,"影游融合"试图讨论的是中国当代电影史向前演进的可能性坐标。从产业生态以及媒介融合的角度来看,"影游融合"所讨论的实则是在移动互联网的媒介迭代效应下,以网络游戏为代表的更高维度的媒介形态,如何整合已成为传统媒介形态的影视等领域。这就意味着重要的并不在于这种认知谱系所指向的任何结论,而是必须梳理其背后的草蛇灰线，超越高下之分的口舌之争，更深入地走进当代中国经验的生成现场，为我国当代影视理论和影视产业找到全行业"升维"的真切现实路径。

在国内关于电影和网络游戏关系的早期讨论中，2016年聂伟、杜梁的《泛娱乐时代的影游产业互动融合》在学术层面较为完整地回应了"影游联动"概念。此文的写作正值移动互联网在我国迅猛拉升的发展阶段，他们明确提出，"如果说，传统电影曾经一度处于跨媒介改编的金字塔顶端，那么电子游戏的问世打乱了这一线性发散序列，重新将其构造成扁平化的开放式系统。比之对传统艺术内容的单方承接，电影与游戏的双向改编则显得更为复杂"[1]。他们的论述展开是从网络游戏IP改编电影、电影IP改编网络游戏的IP改编逻辑出发，也充分意识到"影游联动"在影视理论和影视产业层面的结构性问题："如今影游共生的最大障碍并非银幕/屏幕的介质跨越，而是两种不同的符码象征体系之间的天然鸿沟。"[2] 因此，他们寄希望于"技术的快速发展为解决该命题提供了新鲜思路，增强现实（AR，Argumented Reality）与虚拟现实（VR，Virtual Reality）两大操作平台或将成为电影与游戏真正达成融合共生的重要连接点"[3]。

彼时，在资本和金融市场上如火如荼的"影游联动"，事实上已经开

---

[1] 聂伟、杜梁：《泛娱乐时代的影游产业互动融合》，《中国文艺评论》2016年第11期。
[2] 聂伟、杜梁：《泛娱乐时代的影游产业互动融合》，《中国文艺评论》2016年第11期。
[3] 聂伟、杜梁：《泛娱乐时代的影游产业互动融合》，《中国文艺评论》2016年第11期。

始倒逼高校、科研机构的影视学科，对当时周期内我国影视、网络游戏市场相关的新现象、新症候做出至少是基于影视理论层面的基本回应。尽管虚拟现实、增强现实技术在影视领域的后续落地应用，远远没有达到当时普遍的乐观预期，但在语义上聂伟、杜梁的文章还是基本奠定了高校、科研机构所讨论的"影游融合"的话语框架。

随后，2018年《头号玩家》的上映，在全球范围内带来了一定的震动，我国也不例外。同样发表在《中国文艺评论》上的陈旭光、李黎明的《从〈头号玩家〉看影游深度融合的电影实践及其审美趋势》，从影游融合的"跨媒介叙事""跨媒介视听""文化融合"三个层面展开论述：认为"跨媒介叙事"形成"既电影，亦游戏"的叙事美学；"跨媒介视听"塑造出"游戏直播"式的银幕奇观；"文化融合"则以电影为游戏"正名"，寓言了成人文化与青年亚文化、主流文化与非主流文化之间的一次沟通与和解。[1]

陈旭光、李黎明与聂伟、杜梁的差异，与其说是结论的不同，毋宁说是基本视角、立场的差异。在聂伟、杜梁的视角和立场，他们还是看到了电影和网络游戏"两种不同的符码象征体系之间的天然鸿沟"[2]，秉持一个相对平等的双向视角。而在陈旭光、李黎明，其"影游融合"则是基于电影学科的视角和立场，诸如"电影为游戏'正名'"等，对于网络游

---

[1] 陈旭光、李黎明：《从〈头号玩家〉看影游深度融合的电影实践及其审美趋势》，《中国文艺评论》2018年第7期。
[2] 陈旭光、李黎明：《从〈头号玩家〉看影游深度融合的电影实践及其审美趋势》，《中国文艺评论》2018年第7期。

戏还带有一定的俯视姿态，认为"影游融合"是其所提出的"电影工业美学"的一个阶段性的特殊影像形式。

不仅如此，随后 2019 年范志忠、张李锐的《影游融合：中国电影工业美学的新维度》除了线性地梳理"影游融合"的媒介发展阶段，"VR 这一高新科技产业的发展已是大势所趋，即便 VR 电影难成下一代电影，也必将成为拓展 VR 有所作为的发展空间"，以及"高科技工业"电影、电影"高科技工业"等结论[1]，其实尚没有提出 2016 年聂伟、杜梁的论述逻辑之外的新论。

2020 年陈旭光、李雨谦的《论影游融合的想象力新美学与想象力消费》也是现阶段关于"影游融合"最具代表性的论述。无论是"就突出想象力消费的电影本体来说……影游融合类电影通过技术所展现的想象空间是对数字对象的模拟，所有的对象都是代码化和数据流"，还是"就突出想象力消费的电影客体／观众来说，影游融合的电影作品恰好为他们提供了一种后假定性的审美经验"[2]；其并没有触及电影和网络游戏的关系等不同媒介迭代周期内的视觉影像秩序、媒介的物质性融合等深层次问题，游戏直播是否可以逾越电影和网络游戏的不同"符码象征体系之间的天然鸿沟"，也没有展开具体论证。

不难发现，在"影游融合"为数不多的几篇代表性学术文章中，在完

---

[1] 范志忠、张李锐：《影游融合：中国电影工业美学的新维度》，《艺术评论》2019 年第 7 期。
[2] 陈旭光、李雨谦：《论影游融合的想象力新美学与想象力消费》，《上海大学学报（社会科学版）》2020 年第 1 期。

成线性梳理之后，触及当下现实问题之际，大都会以虚拟现实、增强现实等技术进行未来"眺望"作为结尾和结论。上述是当下高校、科研机构对于"影游融合"相关讨论的基本现状。

第二节 "影游融合"背后的现实视觉影像秩序及其变迁

当下高校、科研机构在电影和网络游戏关系的相关讨论中，在起点阶段就有认知错位。无论是最初的聂伟、杜梁，还是后来的陈旭光、范志忠等学者，其对于网络游戏的本底认知和主要分析对象，大多是以北美、西欧的主机游戏和电脑端游戏为主。对于我国本土语境下的现实视觉影像秩序，以及电影和网络游戏的关系及其特殊性，并没有做出更多的及物性分析。

然而，即便是对于北美、西欧来说，《头号玩家》能够产生广泛影响，也是由于在其结构中有机蕴含了 20 世纪中叶以来北美、西欧的游戏视觉影像秩序的现实迭代过程及其衍生的代际情感结构，使得相关国家、地区内的不同年龄、圈层、民族等都产生了文化经验和情感结构的真切代入感。早在 1958 年由美国布鲁克海文国家实验室公开展览的《双人网球》，在当时就引发了轰动效应。而到了美国雅达利公司 1972 年的街机游戏《PONG》以及 1975 年其电视游戏版本的推出，游戏就在北美和西欧的视觉影像秩序内牢牢奠定了自身的位置，因为看似虚拟的游戏场景所折射出的，却是近半个世纪的社会、时代变迁。由于在 20 世纪中叶显而易见的发展阶段等差异,我国语境下包括影视学科对于《头号玩家》的文本接受,并不了解例如在起步阶段基本与新好莱坞电影发展同步重合的街机游戏、电视游戏的发展历程,仅停留在前所未见的游戏奇观的视觉影像眩晕感当中也属正常,这本身也是当代数字影像奇观"吸引力"的生动体现。

就我国的视觉影像秩序的现实迭代过程而言,上溯到20世纪90年代初,以当时的中国游戏早期经典代表《金庸群侠传》《仙剑奇侠传》为例,中国网络游戏在起步阶段就没有步入外国网络游戏的一般路径,并不是通过加入分镜头等影视语言来与主流视觉影像秩序建立关联。在所谓"影游联动""影游融合"出现之前,武侠和仙侠题材游戏的媒介原型是来自以武侠小说为代表的通俗类型文学,而不是来自欧美式的桌面游戏。《金庸群侠传》《仙剑奇侠传》等游戏的内容和叙事,之所以不断地向武侠、仙侠等想象的中国传统文化和生活方式予以遥远的回应,原因其实非常复杂:不止于后"冷战"的地缘政治格局变迁,也有文化涟漪式的怀旧和乡愁。仅就这一点而言,"电影工业美学""想象力消费"等理论框架,就完全不适配于"影游融合"这一命题的实际讨论范畴。因为不仅不是到了移动互联网时代、到了《头号玩家》前后才发生"影游融合",也不只是武侠和仙侠题材,受20世纪80年代以来世界电影发展的影响,我国香港电影在20世纪90年代初期就已有脍炙人口的商业类型电影在尝试以跨文化的影像化方式转译日本街机游戏的视觉符号。例如 1993 年的《城市猎人》①，就可以为"影游联动""影游融合"提供一种早期讨论，尽管当时的融合受制于相应技术条件的限制，还是基于电影叙事的初步尝试。

不仅如此，当下高校和科研机构对于"影游融合"的相关讨论还存在一个重要盲区。由于种种原因，我国在世纪之交曾严格限制主机游戏在国内的销售。在这样的背景下，当时的大型游戏在我国通常都无法依托于游戏主机，只能在台式机电脑上实现。何况，在世纪之交的中国，家用台式机电脑是大多数家庭尚不具有的"奢侈品"，而且当时宽带网络远没有普及，拨号上网网速慢且非常不稳定。因此，当时的年轻人，通常是在城乡接合部的网吧进入网络游戏的虚拟世界，他们在《传奇》《红色警戒》等网络游戏世界所感受到的赛博空间相对均质的国际化体验，或许比在当时我国尚参差不齐的城市化进程中的日常生活经验要更为真切。包括网络文学在随后开始由萌芽逐渐发展壮大，我国"影游融合"的视觉影像秩序所夹杂的媒介文化经验，无论是在媒介的层级，还是覆盖的区域、人群都有足够的丰富性。这种丰富性在今天还时时有涟漪式的回响。2021 年，"五一档"上映的《真·三国无双》，就是 2001 年日本主机游戏《真·三国无双》在 20 年后的当代投影。尽管这款游戏 IP 改编电影几乎未引起任何讨论，但在 20 年的时间跨度里仍被赋予这样的期待，足见我国"影游融合"视觉影像秩序的时代纵深。

诚然，在"影游融合"的媒介迭代周期内，个体玩家在 20 世纪末后

---

① 《城市猎人》中，成龙、张学友以反串街机游戏《街头霸王》中的角色造型让观众印象深刻。

"冷战"以来的地缘政治格局调整和改革开放以来的一轮轮城市化进程中的人生际遇、文化经验和情感结构等，无法简单通过几篇论文就能呈现，但正如同《头号玩家》在北美、西欧的传播和接受，"影游融合"在我国的实际样态及其丰富性、复杂性，恰恰需要纳入相关研究中作为考察和分析的最基本背景。

因为从 20 世纪 90 年代到今天，这 30 年间的视觉影像秩序已然发生了天翻地覆慨而慷式的时代性变化。但这并不意味着基于我国在移动互联网时代的领先位置，就可以简化对于我国视觉影像秩序的认知，其反而有更为错综的复杂性。截至 2019 年，我国互联网上网服务行业（即本世纪初的网吧）用户规模仍然具有 1.18 亿的规模，全国上网服务行业场所约 13.8 万家，上网终端保有量约 1280 万台，行业从业人员约 98.1 万人，全年总营收约 706 亿元。从网吧到互联网上网服务，看似封印在世纪初视觉影像秩序中的那段媒介文化经验，不仅没有结束，在与网络游戏、电竞、直播充分融合的转型升级之后，至少还有一轮稳定的发展周期，对于正在演进中的视觉影像秩序，也还将继续发挥潜在的不可估量的文化影响。

总之，无论是电影还是网络游戏，虽然世纪之交的场景仍历历在目，但当代中国的视觉影像秩序已发生了结构性的翻转。在感喟今非昔比的同时，这条极具历史纵深感的媒介迭代脉络，恰恰可以为我们从移动互联网的当下具体中，提供超脱性的、整体性的宏观观照视野。我国本土语境下的"影游融合"，其背后的现实视觉影像秩序变迁，不仅和北美、西欧的文化经验有着很大的差异，也并不是一个简单的线性发展历程，即便是在当下的时代横切面中，由于国情等多重原因，也卷积着从网吧到移动互联网等不同时期的多维度的媒介文化经验，这都注定了其载体、路径的特殊性和多义性。

第三节 "影游融合"：繁华背后的技术、人才限制

在《头号玩家》之后，2019年的《流浪地球》《疯狂的外星人》似乎为"影游融合"提供了中国语境下的影像例证。只不过在当时对于《流浪地球》的"一边倒"评论当中，基本上都错失了影视行业在"影游融合"繁华背后的真正问题。显然，从视觉特效场景方面而言（这也是对于"影游融合""电影工业美学""想象力消费"等理论框架而言最为关键的部分），挑战了世界文化工业最高难度的A类生物表情表演类特效的《疯狂的外星人》，并没有受到有效关注。视觉特效场景等我国影视行业的关键技术和人才等真切问题，在2019年《流浪地球》的热潮中，远远没有被真正触及。而2020年由于众所周知的疫情原因，相关话题处于被搁置的冷场状态。直到2021年的春节档，《刺杀小说家》《侍神令》等影片的出现，才又为"影游融合"的相关讨论提供了新的话题热度。

由于顶级数字特效所背负的巨额投入，尤其是国产特效大片只能选择票房总体容量有一定保证的春节档和暑期档。《刺杀小说家》就是鲜明的最新例证。《刺杀小说家》在融合了科幻、奇幻等类型的同时，与在数字特效水平仅达到好莱坞21世纪初水准的《流浪地球》相比，不仅在影视

技术上挑战了更高的难度，且其文化工业意义在于：在《疯狂的外星人》的 A 类生物表情表演类特效的基础上再进一步，将我国影视领域数字特效的文化工业水平又推向了新的高度和发展阶段。《刺杀小说家》通过贯彻数字虚拟制作等世界电影前沿的拍摄、制作逻辑，使整部影片的很大一部分比例都是通过非实体、非实景的数字虚拟制作而成片，这既在相当程度上改变了过去意义上的影视表演和拍摄等概念，也在悄无声息之间革新了中国电影既往的制作范式。结合当代世界电影产业的最新发展趋势，近年来我国相关影片在数字特效领域的不断突破，都是具有电影史意义的进步节点。面对已经到来的甚至全片都可以通过数字虚拟制作的时代浪潮的持续冲击，我国影视行业在全产业链的诸多方面，距离好莱坞文化工业体系所代表的世界最先进水平，至少还有不少于十年的距离，全行业都必须做好面对需要迎难而上的准备。

与《刺杀小说家》形成鲜明对比的是同档期的《侍神令》。手机游戏《阴阳师》根据一系列日本 IP 改编，至少在东亚范围都具有相当的文化影响力。而根据其改编的影片《侍神令》，在启动阶段就有着明确的"走出去"诉求，也是非动画电影中特效全片占比非常高的国产电影，在太多方面都本应更符合"影游融合"的期待，却不仅在完成度上远没有达到预期，也残酷地向我们昭示着，从"影游联动"开始的 IP 改编可以在相同维度畅通无阻的美好畅想，在我国自始至终都没有落地，"影游融合"绝不只是 IP、视觉特效和游戏直播等层面就可以简单概括和实现的。因为从媒介的物质性融合的实际情况来看，非实体、非实景的数字虚拟拍摄和制作成片，其技术载体和依托并不是影视行业内部的特殊分工，恰恰是由对于网络游戏而言也是核心技术的游戏引擎来完成技术制作和视觉呈现。

具体到我国当下语境，尽管我国网络游戏产业在移动互联网时代实现了跨越式的发展，在海外都具有了一定的文化影响力，但仍不足以为我国的"影游融合"提供足够的核心技术保障和支撑。在游戏引擎等核心领域，我国依然处于被外国平台性垄断的网络游戏企业直接掣肘的尴尬境地。与各类商业榜单上的耀眼表现相比，在世界主流网络游戏引擎排行中并没有中国网络游戏企业的位置。在世纪之交的主机游戏、电脑端游戏时代，我国自主研发的游戏引擎还曾有所表现，但进入移动互联网时代，北美、北欧等国家和地区的3A级网络游戏大作的不断引入、手机游戏的迅猛发展态势等多重因素的叠加，主机游戏、电脑端游戏的行业规模持续萎缩。直接购买外国成熟的游戏引擎，实现网络游戏的快速开发等，商业逻辑意义上"短平快"的机会主义、功利主义，极大地压缩了我国游戏引擎的自主研发空间。与Unity、虚幻5等外国顶级游戏引擎相比较，我国游戏引擎的真实实力远远不能满足我国网络游戏行业自身的现实发展需要，"影游融合"最为关键的视觉特效更是无法形成实质性的有效支援。

可见，就游戏引擎等视觉影像领域的核心技术而言，我国的影视行业与从传统的好莱坞到新兴的奈飞（Netflix）、迪士尼+（Disney+）等流媒体平台相比，还有事实性差距，这直接造成我国网络游戏、影视产业的人才梯队建设严重滞后和失衡。由于资本的金融估值等利益诉求，以及为了保证票房的宣发等，"影游融合"相关领域的真实行业状况，长期以来一直被人为有目的地掩盖。这不仅是网络游戏领域内部的孤立问题，还直接造成了我国网络游戏、影视产业的人才梯队"倒流"：与视觉特效和数字虚拟制作相关的专业技术人才，不仅没有从本应作为产业"上游"的网络游戏自然流向作为"下游"的影视，反而为网络游戏产业因行业规模而造成的普遍性高收入所"虹吸"，这直接长期内在地限制了我国影视行业的高质量发展。

显然，包括网络游戏、影视等产业在内的"影游融合"相关领域，都应痛定思痛，尽快实现游戏引擎等视觉影像领域的核心关键技术的自主研发。如若不然，对于发展我国以网络游戏、影视为代表的文化产业，推动中国文化持续"走出去"，势必都产生长期的不利影响，更遑论整个文化产业的全行业"升维"。在携带复杂媒介文化经验的中国视觉影像秩序背后，是更为深层次的结构性困局和系统性挑战。

第四节　跨学科视野下的"影游融合"

当我们还在讨论"影游融合"的时候,我们到底在具体讨论什么?

是从高校、科研机构的传统学科意识出发,对于网络游戏还带有一定的俯视姿态,认为"影游融合"是"电影工业美学"的一个阶段性的特殊影像形式,并且相信电影和网络游戏一定能够最终融合?在无法回答电影和网络游戏的不同"符码象征体系之间的天然鸿沟"的时候,就以游戏直播等新兴媒介的文娱现象和虚拟现实、增强现实等抽象技术作为论述上的"百忧解"?还是从不同媒介迭代周期内的视觉影像秩序、媒介的物质性融合等深层次问题出发,直面"影游融合"繁华背后的技术、人才限制等制约着网络游戏、影视等全行业"升维"的真切问题?

这看似是关于"影游融合"讨论的学术追问,实则有着更严峻的现实关切。在国外,游戏研究已是包含游戏理论、游戏设计两个具体专业的独立媒介学科。如果继续仅囿于传统影视学科的视野和立场,纠缠影视和网络游戏的高下之分,那么不仅将极大地限制影视理论的提升,相关理论和方法的贫瘠还极易被资本、金融市场上为满足各类商业利益而有意释放的公关、炒作话术蒙骗和误导,将资本、金融市场背后的资本主义媒介秩序、话语引入高校、科研机构的知识生产和传播，其危害将极为深远。因此，"影游融合"亟待跨学科视野的进入，超脱出现有学科分科体系的内在限制。

值得欣慰的是，国内相关学者近年来，已经开始触碰到"影游融合"的复杂性。2021年，虽未直接提及"影游融合"，但姜宇辉在次元土豆《游戏是属于未来的载体，它将开辟新的公共空间》的访谈中就明确指出，"总体来说，游戏不是在取代电影，游戏和电影是相得益彰的。近年来很多游戏大作，例如《黑相集：棉兰号》和《赛博朋克2077》，都运用了大量电影的视听语言……对游戏形式是一个实质性的推进，它们的游玩体验已经接近于看一部电影。所以你会看到电影在向游戏融合。而且游戏比电影更强的一面是它同时还是生活形式，它既是艺术也是商品、也是媒介，这跟当年桑塔格提出'迷影精神'的背景是非常相似的……游戏不是吞并旧的媒介，而是开拓出一个更大的空间"[①]。

所以，如果从跨学科视野进入就不难发现，"影游融合"并不具备影视学科内部知识生产的学术特殊性："影游融合"试图讨论的是中国当代电影史向前演进的可能性坐标。但从媒介融合的实际情况来看，"影游融合"其实是从网吧到移动互联网背后的中国经验，如何通过通俗类型文艺的方式予以系统性实现。网络游戏作为更高维度的媒介形态正在尝试

---

① 次元土豆：《游戏是属于未来的载体，它将开辟新的公共空间》，https://36kr.com/p/1289163254362115，2021年6月29日。

消化、整合作为传统媒介形态的影视，但网络游戏和影视之间并不是非此即彼的关系，网络游戏只会以更高维的更为综合的形态出现。而"影游融合"，则是这一媒介迭代过程中，至少是已经挣脱出传统影视框架的相对独立的媒介形态，既有阶段性的过渡特征，也有清晰的未来指向，在现实中正在表征着极具原创性的视觉影像秩序。对于我国而言，也是这一周期鲜活、生动的中国经验。

如果以影视学科为本位，继续现有的"影游融合"讨论的话，不仅会陷入自说自话并被资本、金融话语裹挟的荒诞境地，这种系统性的认知缺失也会使我国的游戏文化研究和游戏学科建设，错失建构评论话语和理论体系的关键机遇期；不仅无法建立属于中国自己的游戏文化和游戏学科话语，在影视理论等诸多方面，影视学科同样将错失系统性"升维"的历史契机。因为就学科的内涵和外延而言，网络游戏作为文化商品从属于经济学科，游戏文化作为文化现象则从属于中文、艺术学科，电子竞技作为体育运动又从属于体育学科。如果继续将网络游戏以"影游融合"的话语方式，安置于影视学科的框架下，无疑不仅将错失游戏领域的学科复杂性，在无法为影视学科寻找到新的知识增长点的同时，从理论到产业都还将进一步坍缩。

在这个意义上，推进游戏研究包括作为泛游戏研究的"游戏学"（Ludology），以独立研究范式和独立学科在我国的落地，就不只是网络游戏行业的内部问题，而是关联到影视等诸多领域。这一探索历程也势必会为适应新时代哲学社会科学发展的新要求，推进哲学社会科学与新一轮科技革命和产业变革交叉融合的新文科建设，提供有实操意义的借鉴和参照。网络游戏作为世界现代文化工业的上游，对于新文科建设而言，也将是最具学术增长点的一大动力源头。

第五节 "影游融合"——当代电影理论如何"升维"?

"随着世界范围内数字影像技术对胶片电影的全面替代,以数字技术为代表的计算机科技渗透进了当代电影创作的全过程,电影创作流程与工业格局亦随之发生变化。"[1] 陈旭光对于数字影像技术替代胶片电影具有非常敏锐的观察力,这也是他在"电影工业美学"之后提出"影游融合"的自身逻辑动因。

正如根据媒介物质形态的革新,胶片电影被重新命名为运动影像一样。如今在更高维度的移动互联网时代的牵引下,电影也在由运动影像向以数字影像技术为表征的更综合的形态跃迁。这种跃迁显而易见地在相当程度上改写了电影的本体定义,更遑论与之相应的视觉影像秩序。正如同姜宇辉在2019年就已经指出:"如果说游戏尚且对电影叙事的介入持一种相当开放的宽容心态,'玩'和'看'虽然不可兼得,但仍然和谐并存;那么反过来说,电影对于互动性的介入就始终抱着一种抵触的

---

[1] 陈旭光、李雨谦:《论影游融合的想象力新美学与想象力消费》,《上海大学学报(社会科学版)》2020年第1期。

情绪，它真的是想用'看'的体验来对抗'玩'的操作……互动电影当然也是可能的，但却相当没有必要，因为互动的介入所起到的更多的是干扰而非助益。"[1]

重要的并不是电影和网络游戏的门户之争，而是能否从跨学科的视野出发，将"影游融合"视为相对独立的媒介形态，来考察其背后网络游戏和影视从本体到现实影像秩序的历史性跃迁。如果仅仅局限于网络游戏IP改编电影、电影IP改编网络游戏，以及电影中所出现的游戏元素、主题和游戏直播，抑或是虚拟现实、增强现实技术和"高科技工业"电影等陈规，那么不仅将大大限制"影游融合"的现实阐释力和理论想象力，还将错失当代电影理论在移动互联网的时代大潮中全面"升维"的历史窗口期。

在不远的未来，我们将会更为整体、全貌地看到："影游融合"并不是什么新生事物或例外现象。这并不是在眺望未来，而是只有在有一定距离感的未来，才能更加清晰、彻底地上溯到20世纪中叶的伟大的控制论实践——"影游融合"不过是其在后世中国视觉影像秩序中的一段滞后投影。

---

[1] 姜宇辉：《互动，界面与时间性——电影与游戏何以"融合"？》，《电影艺术》2019年第6期。

第六章

我国网络游戏所产生的综合性影响

第一节 如何与互联网"原住民"和谐相处？

天天盯着手机看、没完没了打游戏、没事总刷短视频、拔网线、砸电脑、摔手机……如何与作为互联网时代"原住民"的青少年和谐相处，找到合适的教育、沟通方法，这些年已经成为困扰这一代父母的一大社会问题。

过去所谓代沟的概念并不能概括造成上述现象的深层次原因，实际上，在当下的家庭、代际结构中，父母一代和子女一代，恰好属于两种媒介文化的过渡、转型阶段。从"95后"开始，新一代青少年就开始成长在互联网环境当中，"05后"则几近完全在移动互联网的媒介语境下成长，他们都是经典意义的互联网时代"原住民"，与在报纸、杂志等纸媒和电影、电视等广电体系下成长起来的"75后""85前"父母，拥有着完全不同的媒介文化经验。

现在对于"网瘾""游戏成瘾"恐慌的靶心都集中在了互联网、移动互联网的媒介属性，认为"网络"是带来这一切的原罪根源。的确，互联网，尤其是移动互联网，在这一轮媒介迭代周期中，所起到的媒介杠杆作用，在力度、尺度上都超过了既往所有媒介迭代效应的总和。

然而，片面强调互联网、移动互联网的媒介属性，却也极易跌入媒介原罪论的道德指摘，进而错失我们这个时代真正的文化症结所在——在我国当代社会的家庭、代际结构下，提升媒介素养，并不是过去只针对子女即下一代的单向教育行为；对于父母一代同样存在提升媒介素养，尽快适应移动互联网的媒介文化环境这样的实际问题。如果继续站在报纸、杂志等纸媒和电影、电视等广电体系的外在角度，来对待已经是互联网时代"原住民"的新一代的种种问题，无疑只会进一步加剧代际间的隔膜。

我国今天的家庭、代际问题，与之前任何一个历史时期相比，都有着显著的媒介文化经验差异，有着非常大的特殊性，很多问题是由于媒介迭代效应与家庭、代际问题相叠加而产生，不能简单地用过去的教育理念、方式、方法等，来解决当前跨媒介、融媒介视野下的家庭、代际问题。提升从父母到子女至少两代人间的媒介素养，正是在从根源上努力解决当下两三代人之间，实质上是不同媒介文化经验冲突的一种重要尝试。

提升不同代际间的媒介素养，进一步细化对未成年人的网络保护机制、体制，推动网络文化治理持续深入，进而推动我国网络文化的健康、有序、可持续发展，当下正在成为涵盖我国各界的全社会共识。

第二节　算法推荐要突出价值观引领

刷短视频刷到停不下来，在当下已是横跨不同地区、不同年龄段、不同职业人群的普遍现象。据《2019 中国网络视听发展研究报告》显示，2018 年短视频用户规模达 6.48 亿，短视频成为中国网民最喜爱的视频内容形态。

移动互联网使通过智能手机拍摄、剪辑和传输的 15 秒左右的短视频内容成为可能。今天，任何人在任何地方，只要能够接入 4G 或 Wi-Fi 网络，智能手机就可以流畅制作和观看短视频。集成大数据、云计算、人工智能等多项移动互联网前沿技术的算法推荐，更使短视频能够推荐分众内容，双击点赞、实时互动、滑动看下一条等移动应用上的实用功能，也使短视频的观看和传播具有传统媒介形态不能比拟的媒介优势。

移动互联网是短视频"火"起来的充分条件，背后是 4G 网络、智能移动终端等移动互联网各有机组成部分在全国范围内的基础设施建设。中国短视频行业在国外的发展同样前景广阔。截至 2019 年年初，我国在海外开展短视频业务的互联网企业约 50 家，遍布五大洲 45 个国家和地区。在推动中国文化世界分享等方面，短视频行业正在发挥重要作用。

我国移动互联网应用步伐迅猛，使短视频的中国实践走在世界前列。一方面，短视频的中国实践大幅度改写传统互联网时期西方在信息技术、商业模式等方面率先取得成功、中国跟随其后的格局；另一方面，由于移动互联网自身携带的、既往媒介形态不具备的媒介杠杆效应，短视频的中国实践释放出新的文化效应和文化经验。

过去，我国三四线城市和广大县级市中青年群体的文化娱乐消费诉求难以得到有效满足。通过短视频、直播等移动互联网时代的网络文艺新形态，这一群体的文化热情在短短几年内得到井喷式释放，与此同时带来传统媒介经验从未触及的文化相关问题。

刷短视频刷到停不下来，这是电影、电视等传统媒介形态所不具备的"魔性"。与此相关，算法推荐的道德伦理是移动互联网时代不能回避的关键问题。算法推荐应强化价值观引领，相关互联网企业不能以所谓技术中立之名，逃避应尽的社会责任和社会义务。近年来，网信办、文旅部等有关部门围绕我国短视频行业建标准、推联动，加大全行业自律力度，进一步明确相关互联网企业的社会责任、社会义务，正逐步成为短视频全行业共识。

紧贴受众需求、积极求新求变，是我国短视频行业的基本特点。我们要在加强监管的同时，保持开放包容态度，通过强化算法推荐的价值观引领，明确大数据、云计算、人工智能等当代前沿技术的社会角色，规范其社会担当，进而摸索现实落地路径，引领科技向善。期待我国短视频行业在完成全行业转型升级之后，能够持续健康发展。

第三节 抓好网络文艺创作，释放新媒体从业人员的创造力

改革开放历史帷幕的开启，在深刻地改变了神州大地的社会风貌的同时，我国的社会结构也在这一波澜壮阔的历史进程中，不断地变化和调整。"新的社会阶层"不断涌现，其活跃的创造力，在改革开放已经走过的不同历史阶段，不仅直接影响着中国经济的增长步伐，对于我国社会的方方面面，也同样产生着既是润物细无声，也是蝴蝶效应式的深远影响。

一、网络文艺成为文化产业的支柱之一，新媒体从业人员贡献巨大

2013年全国两会召开期间，习近平总书记根据改革开放以来不断发展、更新的复杂国内、国际形势，高屋建瓴地指出，一切非公有制经济人士和其他新的社会阶层人士，要发扬劳动创造精神、创业精神，回馈社会，造福人民，做合格的中国特色社会主义事业的建设者。以新媒体为平台或对象，从事或代表特定机构从事投融资、技术研发、内容生产

发布以及经营管理活动者的新媒体从业人员，在随后的 2015 年正式被纳入"新的社会阶层"的范畴。

网络文艺是由新媒体从业人员这一"新的社会阶层人士"在传统文艺生态和文化产业基础之上的新创造。显然，随着近年来移动互联网浪潮所带来的史无前例的媒介迭代效应，网络游戏等网络文艺形态的普及率和渗透率被进一步放大，在市场规模上已经成长为整个文化产业的支柱性行业，并开始影响着我国文化产业的宏观发展方向。

二、新媒体从业人员的创造力，正在影响主流文化

对于作为"新的社会阶层人士"的新媒体从业人员，他们的成果和结晶也同样在影响着当今社会的主流文化格局。例如电子竞技就已经被纳入了亚运会等影响广泛的主流体育赛事，并且还有极大可能在未来入选成为奥运会的比赛项目。而在网络剧领域，近年来网剧以其在受众上的更为精细的区分和定位，在类型上的更为大胆地尝试和创新，生产出了《白夜追凶》《无罪之证》这样的拳头产品，从整体上大幅提升了网剧的质量，也逐渐获得了主流网生代观众口碑上的认同。这在我国电视产量持续下滑，文化产品供给不平衡、不充分的现实情况下，不仅具有积极、正面的市场调节意义，也在相当程度上满足了广大人民群众多样化、差异化的文化娱乐消费需求。

在这个意义上，作为"新的社会阶层人士"的新媒体从业人员，他们所面对的问题、困境，其影响和辐射范围，就绝不在网络文艺的自身范

围，还将涉及文化、经济、政治等更多领域。对于站在当代历史节点上，推动我国的互联网治理乃至国家治理体系和治理能力现代化，都将有着重要的意义。

第四节　通过"大思政课"全面提升游戏从业者人文素质

　　长征主题网络游戏《前进之路》入选党史学习教育领导小组办公室组织编写、发行的《百年初心成大道——党史学习教育案例选编》。"游戏可以直接将玩家'带入'特定历史场景，让玩家扮演历史中的一个角色，从红色故事的'倾听者'变成'亲历者'，以充满趣味性的玩法、富有参与感的视角了解历史、传承精神，为红色教育提供了一种新思路。"[1]《百年初心成大道——党史学习教育案例选编》对于《前进之路》的评价，既为党史教育的新时代媒介路径指明了方向，也为认识游戏的当代文化价值提供了极大的启迪。无独有偶，在中国共产主义青年团成立100周年之际，采用叙事+互动的数字化呈现方式，生动还原中国共产主义青年团成立历程的叙事互动产品《星火筑梦人》同样深受广大青少年群体的青睐。

　　无疑，数字技术的进步正推动"主旋律"文艺作品、文化产品衍生出

---

[1] 党史学习教育领导小组办公室编：《百年初心成大道——党史学习教育案例选编》，人民出版社2022年版，第23页。

更多元、更新颖的形式和形态。作为数字经济的重要组成部分,游戏产业的繁荣发展对于我国在全球的文化竞争和数字经济竞争具有极为重要的意义。21世纪第二个十年以来,随着我国游戏产业的蓬勃发展,尤其是移动游戏的指数式攀升,网络游戏的社会影响力进一步扩大,已发展成为年产值近3000亿元,用户规模近6.7亿,从业者近200万的庞大产业,是我国数字经济的重要板块和国民经济的重要组成部分。2021年在新修订的《中华人民共和国未成年人保护法》正式实施、游戏行业管理多措并举、疫情下游戏产业积极融入数字经济等社会热点议题的推动下,"自主研发""精品化"等正成为我国游戏行业全行业的关键词。

在可预见的未来,以游戏、直播和短视频等为代表的数字文化产业在世界范围的主流社会中,也都将占据着一个不可替代的重要位置。显然,对此我们需要有更为全面、客观、正确的认识,使游戏在弘扬我国优秀传统文化、坚定文化自信和中华文化"走出去"等方面发挥积极正向作用,实现其服务于我国互联网的治理与发展,传递社会主义核心价值观的使命担当。

游戏企业坚持把社会效益放在首位,牢牢把握正确导向,守正创新,大力弘扬和培育社会主义核心价值观,努力实现社会效益和经济效益有机统一,并不是空谈。提升自身思政素养,可以最大限度地从源头杜绝违规问题的发生,避免在后期的审核、纠错中耗费不必要的人力、物力、财力和宝贵时间,既是全行业健康发展的当务之急,也是彰显企业社会责任,体现使命担当的题中应有之义。

进入新时代,数字文化是中国特色社会主义文化建设的重要板块,游戏产业也顺理成章地成为宣传思想文化战线的重要阵地。游戏行业从业者的整体思政素养，不但直接关系着我国文化产业的内在品质、行业形象和可持续发展动力，还不可避免地关系到当代中国的文化和意识形态建设的质量和水平。

我们应认真学习领会习近平总书记关于推动"大思政课"建设和数字经济发展的重要论述，进一步完善相关团体标准、行业标准和国家标准，科学研判形势，增强发展信心，辩证看待和统筹把握发展和安全的关系。不断做大做强做优包括数字文化产业在内的我国数字经济，使之更好服务和融入新发展格局、推动高质量发展；坚持做好做足做通各类群体的思想政治工作，开展思想政治引领行动，将党的先进思想同具体的生产经营实践联系起来，把广大人民群众团结凝聚在中国特色社会主义伟大旗帜下，更为自觉地承担起举旗帜、聚民心、育新人、兴文化、展形象的使命任务。

第五节　以游戏为代表的数字空间正升维传统节日文化

万千灯笼飞入夜幕，新年祝福纷至沓来。春节至元宵节期间，大街小巷一片喜庆祥和，数字空间里也洋溢着浓浓的节日气氛。在网络游戏中，"城市"张灯结彩，民俗活动锣鼓喧天，人们不仅放飞"霄灯"，借助锦鲤、龙凤、彩蝶图案互送祝福，还可以一起观看虚拟角色的舞狮表演。

近年来，传统节日元素越来越多地出现在直播、短视频、社交平台和网络游戏中，经由数字技术创新演绎，在互联网上广泛传播，迸发出显著的文化势能。春节、端午、七夕、中秋，数字空间里的节日活动吸引众多海内外网友关注，一些国外网友还为此踊跃制作相关短视频。可以说，借助新兴媒介技术，广阔的数字空间拥抱着也创新着传统节日文化。

从传播角度来看，媒介技术一直是节日文化传承的关键因素。40多年前，通过电视直播这一当时的先进媒介形式，央视春节联欢晚会轰动一时，除夕夜自此有了"看春晚"的新年俗；10年前，手机即时通信软件里的"电子红包"激发人们参与年俗活动的热情，大家拼手速、晒祝福，忙得不亦乐乎。新兴媒介技术不断生成的数字空间，使本就具有丰富内涵和多样形式的节日文化，呈现出更为时尚新颖的当代形态。特别是在春节这一最隆重、最富有特色的传统节日中，数字空间跨越地域分隔，实现了天涯若比邻般的仪式感和象征性，全家、全国乃至全球华侨华人的乡情和祈盼，有了更多具象的载体和寄托。

虚拟的数字空间怎样营造真实的节日味道？媒介技术给出了答案。借助数字文化产业，打造虚拟节日景观和节日活动，让数字空间里的节日氛围越来越具有沉浸感。不少网络游戏将剪纸、花灯、服饰等非遗元素融入其中，人们可以"身着"节日服装，放爆竹、打年兽，甚至在逼真复原的北宋汴京城畅游，在数字空间的各个角落邂逅传统美食。这些充满国风意蕴的场景、人物、活动，用互动性十足的视听体验让参与者沉浸其中，汇聚起节日特有的喜悦之情。

更重要的是，数字空间悄然将传统节日的"形式感"不断升维，使其文化意涵触达更广大人群。起初，通过微博话题和微信表情包，节日民俗实现从文字到图像的立体升级，动静图像的表意效果令人耳目一新，使无法见面的人们有了别致的交流方式，因此受到大众青睐。近几年，直播和短视频平台的节日特效和在线活动，呈现出更为浓厚的节日味道。拍一段视频，配上或喜庆大气或动感酷炫的节日"插件"，主人公身后龙腾虎跃，鞭炮齐鸣，拜年视频也可以媲美特效大片。借助数字空间里的节日活动，不同地区人们之间的地理距离被大幅压缩，传统节日文化实现了更为广泛的传播。

如今，单纯"把节日搬上网络"的阶段已经过去，数字空间与现实世界正在互融互促，共同创新传统节日文化，为文旅融合提供新动能。今年春节期间，南京秦淮灯会上由非遗传承人打造的《英雄联盟》主题灯彩吸引众多游客，人们感受着秦淮灯彩非遗里的纸扎、绘画、书法等工艺，网友在家亦可通过线上活动参与其中。这些新形式将秦淮灯彩这项与节日深度关联的非遗技艺推广开来。从春联、福字、饺子等民俗元素，到京剧、昆曲、苏绣等非物质文化遗产，都借助数字空间实现了现实与虚拟的融会贯通，并以生动灵活的数字文化产品产生更大影响。

  数字空间的年俗活动虽以虚拟形式呈现，但其承载的共通情感和文化认同却是真实而深沉的，而且它在表现形式和表达方式上更灵活，更贴近当代审美，因而能够广为流传。这种当代与传统的双向奔赴，深刻印证着传统文化日用而新、要在传承中创新的道理。随着数字文化实践不断开辟新境界，传统节日文化将会在更广阔的时空萌芽、开花、结果。

第七章

中国网络游戏如何
面对新周期挑战？

第一节　游戏已成为拓展地缘政治影响力的新媒介

2023年，多个国家出台政策扶持游戏产业发展。欧洲议会以压倒性的优势通过《欧盟游戏法案》，呼吁欧洲制订电子游戏产业发展长期计划，通过国家和欧盟层面的政策来扶持游戏初创企业、培植游戏人才。此前，沙特阿拉伯宣布计划投资380亿美元发展电竞和游戏产业，并计划在2030年成为全球电子竞技中心。加拿大、新加坡等国家则争相推出优惠政策吸引游戏产业入驻，被媒体称为"全球抢人"。游戏产业为何受到重视，甚至被一些国家升级到更高层次？

实际上，除了创造经济效益、带动科技创新等价值之外，北美、欧盟等国家和地区"忽然"重视游戏、电竞的重要原因之一在于，其认识到通过游戏媒介能够获得远超其自身现实地缘政治辐射范围的影响力和软实力。早在2021年12月，每年都要发布"全球化指数"和"失败国家指数列表"，被公认为是世界上最有影响力的外交和国际时事刊物之一的美国《外交政策》就曾刊文分析视频游戏与地缘政治的关系，其中提到，加速的地缘政治对抗对游戏行业的影响尤其尖锐，拥有众多玩家的游戏领域已经成为全球"价值观"之争的重要空间。这代表了部分欧美人士对游戏在当今世界影响的基本判断。

从发展趋势上看也的确如此，游戏越来越具有在虚拟世界重塑、拓展地缘政治空间的高维媒介价值。2021年11月，电子竞技战队TS获得了TI10（第十届"DOTA2"国际邀请赛）冠军，TS战队的冠军荣誉被认为超出俄罗斯一国的范围，成为整个"DOTA2"独联体赛区的荣耀，这就是一个典型案例。作为自2011年之后主要电竞平台选用FACEIT的赛区，独联体赛区与欧洲、北美、亚洲等赛区一道，成为一个横跨欧亚大陆，覆盖十几个不同国家的海量玩家群体的电竞虚拟社区。这个集中使用斯拉夫语的电竞虚拟社区，无疑是现实地缘政治空间的一个重塑和拓展。在围绕伊朗女性玛莎·阿米尼被害的抗议游行中，一些观察人士就注意到，伊朗游戏玩家历史性地开始进入其国家的主流政治议题。

当然，各国对游戏的地缘政治价值有着多元化的认知。沙特等阿拉伯国家在大力发展电竞、游戏的同时，也在小心翼翼地规避《魔兽世界》《英雄联盟》等所具有的基督教和盎格鲁-撒克逊等价值观和意识形态。而新加坡则是力争在本轮地缘政治大调整周期，通过积极发展游戏、电竞争夺相关国际资本的青睐，也为其自身打造有别于香港影视的文化名片。包括电竞在内的游戏产业的地缘政治价值获得前所未有的凸显。

这显然并不是偶然。21世纪以来，美军从混合战争到认知战等军事理论、战争观念及媒介方法论等不断出现重大革新。由于虚拟空间和外层空间都属于传统海陆空实体空间之外的新空间，并不在传统的国家主权范畴且不受国际法的直接制约。在这些非传统安全领域，过去的国家主权和军事防御等概念已经被改写，并正在深刻影响着国家文化安全乃至国家安全。游戏、电竞和直播、短视频等领域虽然看似都是日常的文化娱乐话题，实则成为文化安全、国家安全的前沿阵地。

包括电竞在内的游戏已成为虚拟地缘政治的重要载体，与实体空间的地缘政治格局相比，虚拟空间的地缘政治格局力量对比要更加悬殊、更加不对称。而且，因为虚拟空间和外层空间都挣脱出了传统的国家主权和国际法范畴的直接制约，在可预见的未来势必还将发生更为激烈的交锋和冲突，并最终反作用于实体空间的地缘政治格局，这不得不引起我们充分重视和警觉。

此外，值得关注的是，欧盟等大力推动发展游戏产业，并不意味着其对游戏行业完全放任自流，国内一些舆论的关注和解读也不应过于偏颇。在备受关注的《欧盟游戏法案》中，第12条强调保护电子竞技不受赌博、兴奋剂染指；第22条强调在游戏中应为父母等监护人提供直接的控制功能等工具；第24条强调游戏企业应尽可能保障员工的相关福利；第26条强调游戏的货币化问题及对未成年人的保护；第33条强调的是游戏的沉迷问题及对电竞选手相关权益的保护。包含但不限于上述5条等实质性内容，都一再说明欧盟并未对游戏领域完全放弃监管，更何况欧盟在相关的文娱消费、广告、税收等领域都更为严苛。

第二节　数字文化产业的文化安全一直被严重忽视

长期以来，数字文化产业的文化安全一直被严重忽视，这些以网络游戏、网络剧为表征的数字文化产业的新兴文娱现象，则深切折射出当代文化经验的复杂性和纵深性。在移动互联网时代，网络游戏、网络剧、网络音乐、网络动漫、网络文学、社交媒体、虚拟社区、网络电台等，这些在大多数情况下都呈现出"亚文化""小众"样貌的数字文化产业的新兴文娱形态，其所触达的人群数量、圈层结构、地域范围，都在悄无声息间达到了过去传统媒介形态下的主流文化所不可比拟、不可想象的体量、范围和程度。

网络游戏、网络剧、网络音乐、网络动漫、网络文学、社交媒体、虚拟社区、网络电台等数字文化产业的各类新兴文娱形态，在基本样貌上看似不存在过去文学、电影、歌曲等文艺门类所无法规避的文化安全属性，其海量化和碎片化的常规形态也在相当程度上规避了传统监管部门的监管。如若不是出现重大问题，整个社会对其日常运转都基本上处于完全不知情的状态。

在移动互联网时代的媒介迭代背景下，社会运动网络化，恐怖袭击在虚拟空间进行演练，也并不是什么新鲜事。早在 2015 年的巴黎暴恐事件中，就有证据显示，恐怖分子是利用 PlayStation 4 的主机游戏进行恐怖袭击的策划和实时交流，成功地躲过了电话、短信、推特、脸书等移动通信和社交媒体平台的监管、筛查。而美国也曾成立相关组织，利用数字文化产业的新兴文娱形态舆论造势。

例如，疫情防控期间上线的《集合啦！动物森友会》，其初代版本在2001 年就已经面市。从 2001 年到今天，从传统互联网到移动互联网，在数字文化产业的新兴媒介文娱现象的快速跃迁当中，蕴含着过去主流文化远没有足够感知的巨大文化势能。与《集合啦！动物森友会》类似的，2009 年就已经上市的沙盒玩法的模拟经营类游戏《我的世界》，在此前就已经产生了广泛的社会影响。同样是在疫情期间上线的《我的三体之章北海传》，就是通过沙盒类游戏《我的世界》，实现了对知名科幻小说《三体》的同人改编创作。

21 世纪以来，尽管中宣部、文化和旅游部等有关部委对于进口网络游戏等数字文化产品的内容审查，已经摸索出了一整套行之有效的应对办法，明显具有各类文化安全问题的网络游戏等数字文化产品，已经完全不可能再通过正式、合法渠道进入我国的文化市场。但这并不意味着我们就可以高枕无忧，因为互联网的高度开放性，也就是当前这种来自数字文化产业的文化安全的新挑战，如上文所述已经呈现出了在既往媒介文化经验中所完全不具备的复杂形态。这充分说明，我们不能再通过过去的封锁、禁止、限制等，以简单的、粗暴的、无效的方式和方法，来处理这一领域的复杂文化问题。

当前，包括网络游戏在内的各类数字文化产品，以及移动互联网时代的各类新兴文娱形态对我国的公共生活乃至国民经济的影响正日趋加大，这种影响，也远远超出传统媒介形态的所有既往预期。

第三节　警惕元宇宙可能带来的金融泡沫

近年来，以元宇宙为中心的喧嚣一直不绝于耳。脸书（Facebook）正式宣布更名为 Meta，更是助长了围绕元宇宙的相关热议，国内资本、舆论、学术等各界不断跟进阐释。一时间，种种元宇宙研究报告、元宇宙机构、元宇宙应用层出不穷，似乎"万物皆可元宇宙"。毫无悬念地，各类元宇宙概念股借此风生水起。

元宇宙主要由移动互联网和物联网、虚拟现实和增强现实等人机交互、云计算和算法推荐、人工智能、网络游戏、区块链等新兴科技构成，但对于元宇宙的基本含义始终处于说不清、道不明的暧昧状态，并没有一个清晰完整的定义。虽然总体而言，脸书这类平台型互联网企业与美国国家利益有着直接关联和高度重合，但这并非意味着它们不会受到美国政府的监管和美国内部利益格局的撕扯。

一个现实是，社交媒体这一概念早已过了蜜月期。早在新冠疫情之前，作为社交媒体的脸书就面临着在全球范围增量见顶的困境，在资本市场上已经讲不出任何新故事。对于包括脸书在内的各类社交媒体，美国社会不仅已经有了相对完善的管理体系，还日常性地根据现实中的各种法律法规，要求其修改在虚拟空间中的各项规则。近些年来，脸书先后收购一批虚拟现实、增强现实和云游戏等相关企业，而相关行业在上一轮估值中也已经透支原有的社会预期，一些宣发甚至被证实为过度夸张和虚假宣传。而在数字加密等新兴领域，脸书发行的天秤币（Libra）也受到美国政府的严格审查和监控。

因此，脸书更名为 Meta，与其说是科技上的跃迁，不如说是其发展路径越来越窄的一个缩影。它需要通过新一轮的资本故事才能获得新的发展空间，并确保自身以及相关收购的保值、增值，进而在新一轮互联网神话中获得先机。

元宇宙这个概念本身并不是什么新鲜发明，只是众多科幻概念中平淡无奇的一个。元宇宙的基本内涵，也不是只来自被以讹传讹的 1992 年的科幻小说《雪崩》，早在 1981 年的《真名实姓》、1984 年的《神经漫游者》等赛博朋克代表作中，元宇宙的相关形态就已经完整出现。元宇宙所依托的相关科技理念，更是早在"二战"后出现的、以信息的刺激—反馈机制为基础的控制论实践中，就已经开始了长周期的不断探索。更关键的是，不仅元宇宙的基本定义始终处于说不清、道不明的暧昧状态，移动互联网和物联网、虚拟现实和增强现实等人机交互、云计算和算法推荐、人工智能、网络游戏、区块链等被认为构成元宇宙基础的各项新兴科技，在可预见的未来都极可能难有显著突破，各类可穿戴设备和智能终端在商业、民用层面的落地应用也大概率将遥遥无期。

除了《雪崩》的元宇宙概念之外，2018 年电影《头号玩家》中的"绿洲"，则是元宇宙资本"故事"直接征调的影视意象。然而，通过效仿科幻小说、电影中的概念和意象，这种本质上是文学性的修辞来讲述资本"故事"，并试图引领经济社会的发展方向，或许可以说是当代资本主义高度泡沫化的鲜活表征。尤其是美国金融市场在没有产业支撑的情况下仍持续强势数年、美国政府一再调高债务上限的现实语境下，这或被视为一个危险的征兆。提前透支互联网未来至少百年发展历程的元宇宙资本"故事"，很可能成为2000年互联网泡沫、2008年次贷危机之后，又一次全球经济危机的导火索。

对于我国而言，要警惕元宇宙可能带来的金融投机。围绕元宇宙，一些人正在进行着浑水摸鱼般的炒作，这既会扰乱生产要素和资本要素的合理配置，对于具体行业的人才梯队建设，以及良性的产业生态培养，也很可能造成持续而深刻的破坏和伤害。特别是在国家加强反垄断的大背景下，大大小小的资本利益相关方都可能借助对元宇宙的炒作进行无序扩张。

关于元宇宙的资本"阳谋"，在国内外已经逐渐显现。对此，我们一定要保持冷静、清醒的态度，保持战略定力。我国数字经济已经初步形成从顶层设计到分级分类推进的发展态势，更意味着我们要将发展数字经济的自主权牢牢掌握在自己手中，不能简单跟从北美、西欧的发展模式和路径。基于这样的考虑，我们应更加理性地加强对当前形势的研判，认真辨析以元宇宙为代表的相关潮流，未雨绸缪地进行布局，做好规避一两年后元宇宙泡沫破裂带来的伤害，从而尽可能克服资本周期律的弊端，有效加快我国新型基础设施建设，不断完善我国数字经济治理体系，最终实现我国数字经济乃至国民经济的高质量发展。

自 2021 年所谓的"元宇宙年"以来，元宇宙的热度已经明显消退。Meta、字节跳动、腾讯等科技企业相继对元宇宙业务作出调整，变更业务发展路径或缩减人员配置。可以看到，抛开远没有兑现的技术概念，当下的所谓元宇宙实践尚未建立最基本的"技术—商业生态"，围绕元宇宙的金融泡沫也一个个被戳破。

元宇宙房地产，是近年来投机和炒作声量最大的金融泡沫。所谓元宇宙房地产，其实就是上一个技术周期的数字仿真场景，本质上并不是什么新发明、新创造。大多数元宇宙房地产并不具备数字资产的基本属性，绝大多数形式的交易风险都很大，因为其不具备稀缺性，在虚拟空间中完全可以批量生产很多相似的所谓数字仿真场景。而且，很多元宇宙房地产和境外数字加密货币绑定，不仅存在不可追溯等结构性缺陷，很多具体交易还可能涉及金融诈骗、洗钱等违法行为，我国现有的法律体系也并不支持所谓元宇宙房地产的相关交易行为。那么，国际上元宇宙炒房团的主力军究竟是哪些群体呢？显然是平台型资本，如元宇宙房地产开发公司 Republic Realm 等。只不过，随着海外主流元宇宙房地产平台上的均价以及周交易量大幅下降，由资本故事、名人效应等推动的元宇宙炒房热如今已经烟消云散，元宇宙房地产泡沫已然破灭。然而问题是，当元宇宙的相关概念过于"领先"现实，并引来各路资本的投机与炒作时，其产生的金融泡沫最终大多仍是由普通消费者默默承受。

与元宇宙房地产类似的，还有一度时髦的数字月饼。如果是将与实体月饼捆绑销售的数字月饼，作为一种营销手段吸引年轻的消费群体，为其提供更为多样的节日消费选择，这本身无可厚非。但就数字月饼而言，围绕元宇宙相关概念的投机与炒作，却造成了很多问题。如一些发布者就声称"数字时代，万物皆可元宇宙"，每个数字月饼都有自身专属的序列号，具有收藏价值。在某些数字藏品交换平台上，一枚数字月饼甚至被标价数万元。愿意高价购买这些数字月饼的消费者，无疑希望能转手就卖出更高的价格——这样的金融炒作与炒作元宇宙房地产的底层逻辑几乎完全一致。和元宇宙房地产相类似，数字月饼也没有太多最基本的商品属性，就是数字仿真场景叠加所谓的"密钥"，即用数字仿真场景和区块链最底层的密码技术做了一个最初级的结合，其本质还是金融炒作元宇宙的相关衍生概念。

当下，在元宇宙房地产、数字月饼之后，依托元宇宙概念而出现的虚拟人、数字人也存在相当的水分。所谓的虚拟人、数字人，指的是上一技术周期的虚拟现实、增强现实技术，以及数字仿真场景技术的简单结合。在相关领域的从业者看来，前期的虚拟人制造更多依靠人工智能和大数据的支持，后期的虚拟人的营销则更多依托虚拟人直播带货、IP打造等，核心仍然还是流量。可见，这些貌似新兴的产业，装的依然是曾经的"旧酒"。相较于虚拟人、数字人概念本身，更值得关注的是围绕虚拟人、数字人进行的元宇宙种种金融"包装"，例如利用元宇宙概念的残余红利进行"翻新"，其背后的真实目的依然是相关资本为了快速拉升市值而采取的一些应急性、投机性的止损蓄谋。

当然，拥抱高新科技本身是值得鼓励的，与此同时，我们也不能忘记必须坚持基础研究和应用研究的辩证统一，并警惕元宇宙这类时髦概念背后的潜在金融图谋。任何科技的进步都需要足够的时间沉淀，任何的所谓"金融大跃进""技术大跃进"都难以长期维系，相关行业最终都会回到尊重金融市场和科学技术本身的客观规律轨道上来。当前，在美国的平台型互联网企业的估值大幅收紧、上一周期的互联网创业浪潮接近终局、AIGC（人工智能生成内容）的新一轮热浪及炒作持续席卷的大背景下，围绕虚拟人、数字人的金融投机或许就是本轮元宇宙泡沫的最后尾声。

第四节　微软收购暴雪，游戏产业链与新的全球资本估值

2022年年初，世界银行行长戴维·马尔帕斯批评了微软687亿美元收购动视暴雪游戏公司的相关交易。他认为，这是一种"有问题的资本分配"，即大量资本被分配到已经资本密集的地区，而只有很小一部分发展中国家能获得此类债券融资，这让发达国家同意向欠发达国家捐赠的235亿美元相形见绌。

马尔帕斯的话可谓一针见血。微软这次收购，为游戏业也好，为"元宇宙"也罢，其实都不过是全球垄断资本的借口，其真正的目的和意图，至少有技术周期和资本周期这两个长周期的布局。

对于移动互联网而言，"入口为王"是铁律。与上一轮移动互联网的手机、平板等通信类智能终端硬件入口不同，当前技术周期内，正迎来继手机、平板电脑之后的新一轮硬件入口迭代。虚拟现实、人工智能相关可穿戴设备等新一代入口基本都围绕着社交、游戏等文娱形态展开。收购动视暴雪，就是微软在苹果继续坐稳第一宝座，脸书通过"元宇宙"布局与社交相关的虚拟现实硬件入口的现实语境下，试图通过收购与自家主机游戏平台正相关的游戏内容制作公司，来实现这一轮硬件入口布

局的关键一环。

新冠疫情下，美国金融市场不断创下新高，科技类、互联网类公司的估值也被大幅拉升。尤其是在脸书通过炒作"元宇宙"概念赚得盆满钵满之后，微软必须通过大手笔收购继续讲出新的"故事"，才能迎合各方预期，在资本市场上保持其估值。因此，收购动视暴雪本身看似过高的"溢价"也就顺理成章了。

事实上，受疫情影响，2021年全球游戏市场总收入预计将达到1803亿美元，同比仅增长1.4%。但同时"元宇宙"兴起、巨头发行商加速收购游戏研发工作室，却成为这一年的突出现象。资本市场的逆势火热不仅不利于世界经济的良性、健康和稳定发展，还进一步扩大了世界范围内的贫富差距和社会不平等。这就是马尔帕斯公开批评微软的现实语境。

2000年，美国互联网持续十多年的泡沫破裂，引发震荡的主角正是微软。对于我国而言，需要在美国等少数发达国家不惜违反市场经济原则、长期垄断全球流动性的现实下，面对各种可预见与不可预见的风险和危机，做好技术、资本和人才周期等的中长期准备，更加理性地研判当前形势，尽可能克服资本周期律的弊端，进一步完善我国新型基础设施体系建设，打好数字经济发展的底盘。

第五节　游戏产业的长远健康发展应兼具国际视野

2023年，我国游戏市场收入首次突破3000亿元人民币，用户规模达6.68亿人，均创历史新高。我国自研游戏海外实际销售收入达163.66亿美元，连续4年超过千亿人民币的历史门槛。而在游戏文化基础之上发展起来的电子竞技，不仅作为正式比赛项目在2023年杭州第19届亚运会上大放异彩，其走进奥运会也有了越来越清晰的时间表。

无论是基于我国文化产业的整体发展格局，还是鸟瞰全球文化传播版图，游戏、电子竞技正与直播、短视频一道，在当代世界通俗流行文化舞台上发挥着越来越重要的作用。从主机游戏到电脑端游戏再到手机游戏，游戏正成为一代又一代全球青少年共同文化经验的重要一部分，不同肤色、民族和国家的青少年通过游戏找到文化共识，风靡全球的主流游戏很多时候也是全球青少年共同文化语言的一大公约数。

由于自身有别于传统影视的独特媒介特性，任何一款游戏，若想实现商业上的大规模盈利，完成传播上的广泛跨圈，都必须在游戏的玩法设定以及游戏美术风格上尽可能寻求最大的文化共识。例如，日本主机游戏《塞尔达传说：旷野之息》中的龙的形象，既在形象上创造了接近我国没有具象翅膀的龙的形象，又配置了明确中国风的游戏音乐。同样，国产游戏《原神》之所以能够风靡全球，就在于其呈现出了丰富的文化多样性，不仅保持着起步阶段的二次元特征，还不断吸收、消化和传达世界其他文明的精华特质，如游戏中须弥地区的原型就部分参考了阿拉伯文明。

可见，只有在最大多数的人群和圈层间，坚持和尊重文化多样性，寻求广泛的文化共鸣、文化认同，进而获得海量玩家的日常参与，一款游戏才能取得真正意义上的商业和口碑上的成功。这正是游戏、电子竞技等能够具有巨大的全球文化势能的底层逻辑，任何游戏若想叫好又叫座，就必须遵守这一客观规律。不仅如此，更为复杂的是，在当下移动互联网时代，作为高维媒介的游戏，其全产业链条不仅会直接影响、辐射传统的影视等上下游产业，很多时候甚至是全球金融市场的"压舱石"。从脸书、苹果、亚马逊、奈飞、谷歌到微软、特斯拉、英伟达等，游戏产业链所涉及的人工智能、云计算、全球实时传输网络、数据存储、游戏引擎、虚拟现实和增强现实等硬件、软件产业链条，不仅是北美金融市场估值的"压舱石"，也在当今世界的金融秩序中发挥着举足轻重的作用。作为跨国资本最新形态的平台型资本，也正一再通过对游戏产业链条的不断梳理，来分配、再分配全球财富。在新时代，发展包括游戏、电子竞技和直播、短视频等在内的移动互联网时代文娱产业，必须具有全球金融视野，必须具备金融安全意识。

因此，对于我国而言，发展包括游戏在内的移动互联网时代的文娱产业，应兼具国内、国际两个视野、两个格局，充分尊重和发挥社会主义市场经济的创造性和活力。无论是已经在世界范围产生广泛影响的《原神》《无尽对决》等游戏，还是《王者荣耀》《和平精英》等已入选亚运会正式比赛项目，并且有望冲击奥运的电子竞技项目，以游戏、电子竞技等为代表的当代中国经验正在不断外溢，这已是全世界都在不断感知的文化事实。能否以跨国性、全球性的视野和格局，充分调动国内外资本的积极力量推动高质量发展，是在新时代考验我国相关治理能力、治理水平的试金石。

出于对此问题的重视，各国都根据各自的国情出台管理政策，但如何做好平衡以推动游戏产业的长远健康发展，需要不断更新管理方法、手段。就中国的情况而言，对电子游戏的管理措施，如何与社会主义市场经济和经济全球化相匹配、相适应，是一个与时俱进的过程。过去管理国内传统文化产业的方法、手段等，在一定程度上已不适用于游戏、电子竞技和直播、短视频等生产要素充分全球流动的新领域、新业态。

拥有海量玩家、影响一代青少年的游戏领域已经成为全球"价值观"之争的重要空间，游戏越来越具有在虚拟世界重塑、拓展现实世界地缘政治空间的高维媒介价值。为此，我们更应坚定推进游戏、电子竞技和直播、短视频等新兴文娱业态的高水平对外开放，深化文明交流互鉴，在虚拟空间深入贯彻全球文明倡议，在虚拟空间全面构建人类命运共同体。